从老师到企业家，从海博翻译社到阿里巴巴，从被时代引领到引领时代，马云走过了无数的风雨和辉煌。如今他虽已卸任，但仍被人们津津乐道——有人说他豪言壮语，是个激情四射极具号召力的教父，也有人说他狂言疯语，是个大忽悠，是个只会满嘴跑火车的骗子。

不管他是教父，还是骗子，我们都不得不承认马云是个有着超凡口才的人。他的话狂妄中透着一丝平实，朴素中又流露着深刻；他的话幽默但不流于浅薄，犀利但又没有丝毫的刻薄……马云是个超凡的语言健将，所以他能在创业之初用6分钟说服日本首富孙正义拿出2000万元投资；用10分钟说服杨致远，成功收购雅虎中国。互联网寒冬的时候，他能用激情的演讲点燃阿里巴巴人的斗志。淘宝商城事件中，他可以凭着三寸不烂之舌安抚有意见的用户，赢得重回谈判桌的机会……

不管在什么场合，不管面对的是谁，马云一张嘴就能将所有的目光都吸引到自己身上。他就像是一个语言魔术师，瞬间会吐出一团火让人激情澎湃，瞬间又能变成一块冰去冷却人们狂躁的心。变成什么，从来都是马云说了算。

马云能说会道，语出惊人；马云风趣幽默，妙语连珠；马云出口成章，情深言切。马云的口才让人们羡慕，更值得人们学习。鉴于此，我们策划出版了这本《跟马云学口才》，本书条分缕析马云的超级口才和演讲之道，全方位吸收了马云的演讲精华。读完这本书，你将领悟马云式演讲的核心智慧，让自己的口才提升一个台阶。

有人说，做事要靠实力，不能只凭一张嘴，于是便发出“我不善言辞，但我真诚，我相信精诚所至，金石为开”的感慨。不错，实力很重要，但讲话能力也很关键。马云善用语言不仅制造出了出人意料的效果，还为自己的事业与生活平添了数不尽的助益，并通过语言充分展现自己的个人风采和内涵，成功地抓住机遇，最终摘取了胜利果实。可以说，马云的成功离不开他的好口才。刘谦，一个曾经登上春晚的魔术师，节目表演得很精彩，大家对他的印象也深刻。后来也有些魔术师相继登上了春晚，表演也很精彩，但我们是否记住了他们的名字？恐怕记住的人很少吧。为什么？口才的力量！如马云一样，刘谦较之其他魔术师，语言更具煽动性、感染力，所以他给人的印象更深刻！

语言的力量是巨大的。

你若也想成为一个有影响力的人、一个成功的人，就必须让自己健谈、善谈。那么，现在就拿起我们这本书学习马云是怎样讲话的吧。

编 者

2014年7月

跟马云学口才

丁萍◎编著

中国财富出版社

图书在版编目（CIP）数据

跟马云学口才 / 丁萍编著. —北京：中国财富出版社，2015. 1

ISBN 978-7-5047-5449-3

Ⅰ. ①跟… Ⅱ. ①丁… Ⅲ. ①马云—口才学 Ⅳ. ①H019

中国版本图书馆 CIP 数据核字（2014）第 252062 号

策划编辑 刘 晗 责任印制 方朋远

责任编辑 刘 晗 责任校对 饶莉莉

出版发行 中国财富出版社

社 址 北京市丰台区南四环西路 188 号 5 区 20 楼 邮政编码 100070

电 话 010—52227568（发行部） 010—52227588 转 307（总编室）

010—68589540（读者服务部） 010—52227588 转 305（质检部）

网 址 http: //www. cfpress.com. cn

经 销 新华书店

印 刷 北京京都六环印刷厂

书 号 ISBN 978-7-5047-5449-3/H·0127

开 本 710mm×1000mm 1/16 版 次 2015 年 1 月第 1 版

印 张 13. 75 印 次 2015 年 1 月第 1 次印刷

字 数 203千字 定 价 28. 00 元

版权所有·侵权必究·印装差错·负责调换

目录

第七章 建立起属于自己的个性言谈

第八章 有一说一，放低姿态赢得信任与尊重

第九章 自信的人才会让话语铿锵有力

第十章　把观点幽默地表达出来

第十一章　说出一片心，留住一群人

第十二章　把话说到点儿上，回应才能更有效

CHAPTER 第一章 01

言之有物有理，影响更有效

- 说出事物本质，让人内心产生认同
- 只说自己懂的那部分
- 一针见血，必要时让自己犀利一些
- 有意义的话才是该说的话
- 讲别人知道但说不出的道理
- 心里有，嘴上才能有

说出事物本质，让人内心产生认同

在表达自己的观点的时候，需要讲究很多技巧。当然，最重要的是要做到言之有物。马云讲话很注重这一点，他能说出事物的本质，能给人以帮助，大家自然愿意听他说话。

与人沟通，形式上是聊天，其实本质上就是获得对方的认可，有的是让对方接受我们的观点，有的是让对方接受我们这个人。

既然沟通的目的是获得认可，那么就需要练就很多技巧。其中，最重要的一个，自然是好好说话，说对方能够接受的话，说对方听起来舒服的话。只有这样，对方才愿意听我们说话，才会给我们获得他认可的机会。

除此之外，在表达自己的观点的时候，需要讲究很多技巧。当然，最重要的是要做到言之有物。马云讲话很注重这一点，他能说出事物的本质，能给人以帮助，大家自然愿意听他说话。

下面是马云在《赢在中国》中的两段点评，大家看了之后就能对马云讲话的特点有个大概地了解了。

马云点评1：

15号选手（张维勇），你要走的路还很长，也许你要有心理准备，你可能是屡战屡败，也要屡败屡战地走下去。我听你讲的有点像县委书记讲形势报告，听起来全对，但不知道怎么做。你的问题听起来不独特，你非常捍卫自己的内容，讲的都是对的。我讲的话也许是错的，但我一定是自己真实的想法，我不担心是错的，我今天想法就是这个。所以一个项目、一个想法如果不够独特的话，很难吸引别人，你这个项目竞争会很大，而且我感觉，你讲的东西从项目到计划，到你刚才讲话的所有逻辑，我找不出错误的东西，我就觉得一定是错误的，这是我的想法，回去想想。

做战略最忌讳的是面面俱到，一定要记住重点突破。

马云点评2：

我觉得我们红队这次确实像刚才四号队长（张华），讲的一样，整场比赛并没有什么大的不好的地方，大家都很认真，过程也不错，理念搞得也很好，但结果是失败了。

4号队长（张华），我觉得你这几场的比赛，尤其在这场做队长里面，有一个问题你是面面俱到，其实做战略最忌讳的是面面俱到，一定要记住重点突破，所有的资源在一点突破，才有可能赢，面面俱到那就什么都不可能赢。所以我想给你一个建议，讲话也好、做队长也好，要明白我的出发点在哪里，进攻点在哪里，这才是真正的战略要素。

一般来说，在大众的认知力里，评委的地位是高于选手的，而且评委一般都是事业有成的人，而选手则多半是刚入行的新人，因此在他们彼此的内心中，早已有这个等级分列。评委大都会觉得自己比选手更厉害些，选手也多半会认为自己不如评委。

但我们看马云的这两段点评，虽然也是给对方提意见，但并没有一种高高在上的感觉，而且简练易懂，让人有听下去的欲望，更重要的是言之有物，可以让人获得启发。马云的这两段点评很准确地指出了选手的优点和缺点，选手自然会心悦诚服地接受。

这就是讲话的技巧了：在我们比别人地位高的时候，不要一副高高在上的样子；当我们比别人地位低的时候，也不要太过畏缩，平等对待就好。在此基础上，要做到言之有物。只有做到这些，才能说出让别人受益的话来，也才能让更多的人认同我们。

只说自己懂的那部分

我们给别人指导，或者给别人建议，是为了帮助他们，同时也是为了展现自我。如果在不懂的领域胡乱说话，那么就不是展示自我，而是暴露自我了。这是最不明智的。

孟子说，人之患在好为人师。这确实是很多人的通病。我们总是觉得自己是优秀的，可以完成很多事情，喜欢到处发表自己的意见，而当别人没有听从的时候，便会觉得那人蠢笨，或者觉得对方并没有将我们看在眼里。

其实，这是不对的。试着换位思考一下，我们不也不喜欢那种指指点点的人吗?

因此，一个真正成熟的人，不会胡乱发表见解，不会到处炫耀自己比别人更聪明、更强悍。成熟的意义不仅在于成长，更在于管住我们自己的嘴，不该说的话不要说，说话的时候要尽量考虑到别人的感受。

可是，很多时候即使我们不想说，别人也会问我们，要求我们给予指导。这时候，如何回答也是有学问的。不要因为别人主动来问我们便觉得自己高高在上，同时，别人问的未必就是我们懂得的。因此，如果自己不知道的时候，就不要乱说。最好的回答方式，便是只说自己懂得的那一部分，而不要对自己没有涉猎的领域横加指导。

在这一点上，马云做得就很好。很多人都觉得马云能给人口才好、有深度的印象是他有洞见，这自然是不差的。不过这并不是全部，马云能做到那么受欢迎还在于他对自己有一个清晰的定位，能管住自己的嘴，不说空话，不在自己不明白的领域乱发言。

在做客《对话》时，马云回答观众提的一个问题，是马云在这方面表现的一个最好注解。

赵鹏：本地生活变成新的一个电子商务浪潮的这个过程当中，您希望也有很多小而美的企业出来，我们也希望成为其中一个也许小而美或者中而美，您能否提个建议，就是千万别干什么。

马云：这是一个应该慎重对待的问题，你刚才讲这个事的时候，我在回忆2003年、2004年、2005年我在做互联网的时候，那时候我其实就记住一样东西，就是帮我的客户赚钱。淘宝2003年成立或2004年成立我没想过，打败eBay只是乐趣而已，就是在特别痛苦的时候，找一个人折腾一下它，找一个对手，我真没想到可以把它真捅翻掉，这个是我没想到的，我也没想真去捅翻它，纯粹是它要打我的时候，我给它乐了一乐。但是心里面永远不会改变，我知道一样，只有淘宝的小卖家挣钱了，我们才有活下来的可能。本地生活的原则就是这样，让那些你提供服务的人真正知道由于有你和没有你是有区别的。你全心全意帮他们成功，只要这个时间活得越长，你越有机会，千万不要做的事情是，不要去证明你的模式是对的。因为你今天对的模式三年以后可能是错的。你只证明一点，我想帮我的客户成长，这一定是对的，这是我觉得要做的。

通过上面一段话可以看出，马云一直在用自己的经历说事。这种态度就是好的。很多时候，即使跟我们的专业离得很近，也未必就是我们所掌握的。我们觉得懂的，很可能是一厢情愿的认为罢了。这时候，就要管住自己的嘴，在不懂的领域尽量少发言。如果非要说，那么就结合自己的经历，说些自己懂得的。

要知道，对不懂的事情不发言不丢人，对不懂的事情乱发言才真正丢人。像马云，本身是互联网商业的大佬，一样不去说自己经历之外的事情，这才是正确的态度。

我们给别人指导，或者给别人建议，是为了帮助他们，同时也是为了展现自我。如果在不懂的领域胡乱说话，那么就不是展示自我，而是暴露自我了。这是最不明智的。

说自己该说的话，更要说自己能说的话，同时也要说自己懂得的话。人最忌讳的是觉得自己无所不能，觉得自己在哪个领域都有很深刻的理解。那样的天才或许有，但未必就是自己。因此，还是低调些的好，用自己的经历说事，不仅给人一种诚恳感，而且也是真正能够给人帮助的。说些空话，只会让别人更加讨厌我们。

世上没有完人，更没有先知，每个人都有自己的局限，承认局限并不丢人，不承认局限，用无知去卖弄才是真正的丢人。

一针见血，必要时让自己犀利一些

犀利的话有时候会让人不舒服，这不是因为我们讲错了，而是触动了别人的情绪。这些都是暂时的，因为深刻本身就是一种残酷。等那残酷过后，我们看到的就是事物的本来面目了。

马云是一个高调的人，但并不张扬。在为人处世上，马云向来都能把握好度。张弛有度的马云，也经常会语出惊人，表现其犀利的一面。

马云是一个民营企业家，从一无所有，到拥有一个庞大的阿里帝国，这其中经历过辉煌，也碰到过麻烦，不过他都挺了过来，其间自然积累了很多经验。

马云的这些经验，是通过面对赤裸裸的现实总结出来的，很多都是血的教训。

一般来说，一个人开始创业的时候，都是满怀憧憬的，这时候他是一个理想主义者。在遭遇困境，发现创业很残酷，跟自己幻想的不一样的时候，就会抱怨现实。这时，如果他听到了马云从血泪中总结出的经验和道理，总是不能接受的。因为这跟他们内心的理想差异太大。不过马云的犀利就在于他只说真话，讲真理，而不去在意这些人的感受。这是一种原则，也是对后进者负责。忠言总是逆耳的，马云认为，只要它有用、触及了本质，就要讲出来。

在重庆举办的一次商业活动中，面对众多的企业家，马云说了一番这样的真心话：

世界经济越来越复杂，但大家的机会都是一样的，你差的时候我也差，我认为民营经济现在很难，但不是最难，相比30年前民营经济已越来越好，我们应该感谢这个时机。

创业的成功，很少人是因为听了经济学家的，因为经济形势好和坏与经济学家没什么关系，好形势下有坏企业，坏形势下有好企业，因此，民营企业家应该做好自己的事，坚定自己的理想，一切是靠自己做出来的。

我坚信中国经济要走出困境，一定是靠民营企业，但很遗憾的是刚听到有人在说需要政府出什么政策，光是等政策就像鸦片一样，上瘾就停不掉。面对困境，民营企业更多地需要靠自己的努力，就像下雨天不一定就会把人淋湿，只要你躲得好。

阿里巴巴现在获得了一些成功，但我们的成功靠的是什么？比我们聪明的人多如牛毛，在阿里巴巴上市的时候已经有七八百位百万富翁，我当时就问，是真因为我们能干？不一定。反正我连高考都考了3年，成功是因为我们执着。

我创业的时候曾想证明一件事情：如果马云创业都能成功，那么80%的人创业也能成功，因此大家一定要有理想和执着。

做企业不是做今天，而是做10年以后，20世纪做生意我们靠寻找机会，而现在我们做生意要解决社会问题，只有解决社会不断出现的问题才能有机会，坚定走10年，企业一定会走出来。

这是一段很犀利的话，丝毫不给人留情面。很多人听了这段话后，可能会感觉不舒服，因为马云否定了他们的某些做法和看法，但我们又不得不承认，马云说的是对的，他触及了本质。这就是马云，总是能够一针见血，语惊四座。

要讲话，就要学习马云那样，讲犀利的话，讲触及本质的话，而不是讲一些废话。真话可能会得罪人，但那都是暂时的，总有一天对方会明白我们的良苦用心。更何况，这世界上并不是每个人都是糊涂蛋，很多人还是能够听得进真话的。因此，在必要的时候，不妨让自己犀利一些，就像马云一样，做一个清醒、不随波逐流的人。

犀利的话有时候会让人不舒服，这不是因为我们讲错了，而是触动了别人的情绪。这些都是暂时的，因为深刻本身就是一种残酷。等那残酷过后，我们看到的就是事物的本来面目了。

有意义的话才是该说的话

话不多，但句句都说到了点上。马云所以能够做到这样，就在于他善于观察生活，有一个喜欢思考的习惯。因为爱思考所以能看到别人看不到的东西，能够体悟出别人体悟不到的道理。正因为这样，才能够讲出有意义的话。

很多人喜欢发表长篇大论，这不是不可以，但要言之有物。只有有意义的话，才是该说的话，如果张嘴便是些无意义的空话，那么不如不张嘴。尤其是在给别人建议的时候，更是如此。

不过，道理上大家都明白，可是真正到生活中，我们还是往往会忍不住说些废话或者唠唠叨叨说起来没完。如果有这种习惯，那么就应该改掉。要知道，真正的口才不是说个没完，而是在口若悬河时，做到言之有物。

马云的口才很好，可以说个不停，但是基本没有废话，而且能够在第一时间给人以有益的建议。大家当然愿意跟这种人聊天、交谈。

关于马云的言之有物，他在《赢在中国》做评委的时候，给选手们的点评是最能说明问题的。马云能够指出别人的优点和不足，然后对优点给予鼓励，对不足给予劝诫。

下面就是马云的一段点评：

三场比赛我们都发现一个问题，没有资源的那些团队都赢了，而看起来可能会赢的团队全都输了。骄兵必败，商场上也一样，商场上很多东西看起来要赢，结果都输掉了，因为你不够重视。我们做企业的，每天都是如履薄冰，每一天，对每一个项目、每一个过程都非常仔细认真。

永远要把对手想得非常强大，哪怕非常弱小，你也要把他想得非常强大，这是商界需要不断提醒自己的一点。

面对新的强大对手，很多人常犯的几个错误是看不见、看不起、看不懂、跟不上：首先对手在哪儿都找不到，第二是根本看不起这些人，第三是看不懂他们怎么起来的，最后是根本跟不上别人。

我觉得你们这个团队刚好犯了这些错误，你们觉得对手不如你们，你们觉得你们对市场很了解，对客户很了解。但事实上，你们讲得很对，但输在轻敌上面，今后我觉得大家一定要注意。

所以5号队友我也想讲，我在讲话过程中，我关注到，你比较以自我为中心，你作为领导者应该以别人为中心，以客户为中心，不能说我做的都是对的，别人可能都是错的。1号当时牛总讲得非常好，你有没有想过为什么团队很多人都没有把你当作一回事情？

话不多，但句句都说到了点上。马云所以能够做到这样，就在于他善于观察生活，有一个喜欢思考的习惯。因为爱思考所以能看到别人看不到的东西，能够体悟出别人体悟不到的道理。正因为这样，才能够讲出有意义的话。

其实，讲话的能力并不是天生的，而是可以培养的，关键就在于如何去培养。除了研究各种说话技巧外，最好的方式就是充实自己，让自己成为一个有知识、有见解的人。只有胸有点墨，才能言之有物。

学习马云讲话，首先要学习的就是要像马云那样用知识丰富自己，不断地从外界汲取营养、充实自己；同时善于观察生活，得出自己的结论。只有这样，才能说出有质量的话。

讲话是有讲究的，质大于量。真正的讲话高手，注重的便是这个质，而不是一味喋喋不休。这一点要牢记。

讲别人知道但说不出的道理

马云的话总是能够引起别人的共鸣，其关键点就在于他总是能够说出人人都看在眼里，但都没能很好地加以总结提炼的东西。

一个讲话高手，通常不仅能言之有物，还能言之有理。听他们讲话，不仅能够丰富自己的见闻，还能明白许多的道理。

因此，如果我们想要成为讲话高手，就不仅要拓宽自己的知识面，还要延伸自己的见识深度。只有有足够的见识、逻辑清晰、能够说出别人说不出的道理来，才能让人更加敬佩你。

一般来说，每个人都是对自己的观点抱持自信态度的，总觉得自己的观点是对的，跟自己不同的观点或多或少都有些问题。在这种情况下，如果想让人觉得你说得有理，就要花费一番工夫了。最好的是，能说出那些人人眼中有，但人人口中无的道理来。只有那样，才能树立一个明理的形象。

马云就是这样的一个人，他的话总是能够引起别人的共鸣，其关键点就在于他总是能够说出人人都看在眼里，但都没能很好地加以总结提炼的东西。这些话经过马云的嘴里说出来之后，听者会豁然开朗——可不就是这么回事吗？正是因为这种能力，马云才获得那么多人的认可甚至是崇拜。

下面就列举一些马云曾说过的话：

“我一直认为，不管做任何事都不能有功利心，做事不能功利性太强。我没有什么功利心，我只是想证明，我们这代人通过努力是可以做一件伟大的事情。说归说，做还得脚踏实地，最后证明你不是狂人。七八年前大家觉得你狂，做出来就不会有人说了，我不过比别人早做了3年而已。阿里巴巴融资是为做一番事业。要找风险投资的时候，必须跟风险投资共担风险，这样你获得投资的可能性才会更大。”

“一个公司在两种情况下最容易犯错误，第一是有太多钱的时候，第二是面对太多机会的时候。一个CEO看到的不应该是机会，因为机会无处不在，一个CEO更应该看到灾难，并把灾难扼杀在摇篮里。”

“最容易作的决策一定是个臭决策，好决策往往在取舍之间，你都不知道它是对的还是错误的。领导者的决策就是舍和得。”

“只有在犯过错以后，才能总结出一些经验，而这些经验恰恰是一些人急需的，因而错也是一种资本。每次犯错。你的体会就会深一层。时间一久你就知道怎么做了。我们考虑人可以在错误中学习，那最好的办法就是在别人的错误中学习。把别人的错误经验复制到自己身上，才会避免犯同样的错误!犯错误不可怕，可怕的是你不知道自己犯了什么错。”

“我们最大的财富是经历了这么多的困难和失败。我们前面犯了很多很多错误，今后还会犯很多很多错误。”

“成功不是在于你得到了什么，而是在于你得到了什么历练了什么。失败可以改变一个人的命运，从头再来也未必是坏事情。成功也未必是最终结果。创业者需要警钟长鸣!”

这些话中所蕴含的道理未必有多么深刻，但却极容易引起大家的共鸣。这类就是每个人眼中都有，但每个人嘴里都说不出的道理。马云的睿智和犀利，就是体现在这样的道理上的。

一个言之有理的人，在别人的眼中一定是知书达理的，再加上自信，他们的讲话自然更有分量。如果给人留下这种印象，那么也就不愁没人会认同我们了。

而想要言之有理，就要养成喜欢观察和思考的习惯。多看一些思辨的图书，以增强自己的思维能力，只有这样，才能讲出别人知道但说不出的道理。

当我们可以经常性地说出别人说不出道理的时候，自然就成了讲话的高手了。那时候，我们身边的人也自然会认同我们。

心里有，嘴上才能有

马云之所以能够将公司做得那么大，之所以经常语出惊人，都在于他能够看到事物的本质，知道哪个群体是自己的用户，知道这些用户有着什么样的消费习惯。因为他了解这些，所以才能言之有物。

一个人能说出什么，在于他心里在想什么。那些语惊四座的人，必定是头脑清醒、懂得更多的人。也就是说，只有心里有，嘴上才能有。

只有做到真才实学，才能言之有物。一个没有学识储备、不具备洞察本质能力的人，只能说些不痛不痒的空泛话。想让自己能够语出惊人，能够给别人指点迷津，就要用知识充实自己，让自己拥有洞察本质的能力。

马云在做客《对话》栏目时，就曾经很机智地回答了主持人的一个问题，从中，我们可以看到马云的知识储备以及洞察本质的能力。

主持人：这绝对是一个精明的消费者，但是我发现她在网络世界里，她更在意的是价格，而非是质量。是这样吗？

马云：小女孩90后很难骗。这些年轻人，才是中国内需的希望所在，老年人是没有内需的，成功人是不花钱的。真正想成功的人才会花钱，中国最大的内需所在就是生活方式的变革，年轻人消费的变革。网上便宜，不是我们便宜是传统商场太贵了。网上卖500块钱，传统商场卖5000块钱，不是我们太便宜了，而是他们太黑。今天中国的网购达到十亿件商品，一万亿的销售额。几年前去广东的时候，一年只卖了六七十亿，今年广东通过淘宝从一月份到十月份卖了1700亿。广东很多制造业企业，以前由于金融危机，他们加工的工厂在国外没有订单了，这些工厂大量的生产能力直接就经过网上销售，中国很多原来以出口为主的企业，都开始在网络上卖，消费者也高兴。

马云之所以能够将公司做得那么大，之所以经常语出惊人，都在于他有能够看到事物的本质。从这段对话中可以看出，马云对自己的客户是非常了解的。他知道哪个群体是自己的用户，知道这些用户有着什么样的消费习惯。因为他了解这些，所以才能言之有物。

想要提升口才，首先要提升的是自己的修养和学识储备。人们常说，一个老师想要给学生一杯水，那么他自身就需要有一桶水。其实表达也是一样的，我们想要说出高质量的话来，心里就要有大量的知识储备。如果内心空空如也，当然说不出有价值的话。

想要让自己更懂得表达，还要懂得观察社会，观察别人。就像马云一样，只有通过对客户们长时间的观察，才能掌握他们的消费模式以及消费习惯。这样才能制定出客户喜欢的产品以及销售模式。同时，也能够说出客户认同的话，从而让客户对自己放心。

再就是要持续不断地吸取新的知识和信息。了解马云的都知道，马云是一个故事高手，他会讲故事，也记得很多典故。在跟别人沟通的时候，他总是能够适时地用一两个小故事来诠释自己的观点。不仅让听者觉得有趣，也更有说服力。而这些都是他平时不断学习的结果。

我们通过不断地学习，提高自己的知识储备，勤于观察社会，再加以良好的语言组织能力，自然就提高了口才。

CHAPTER
第二章 02

学会聪明地讲话和交谈

不在对方提问的地方纠缠

在回答别人问题的时候，不要跟着对方的思路走，不要对方问什么就回答什么，而是要想清楚问题的本质，再告诉他们矛盾的解决办法，自然能够让他们满意。

很多比较复杂的问题，有些人却看得极其简单。这是因为这种人思维的深度广度都不够，因此看不到问题的本质，只看到了表面现象。这样只能是解决某一方面的问题，当又发现另一方面出矛盾时，再急急忙忙去补救。力气花了不少，但效果甚微。而有的人则是冷静的，能够透过表象直达本质。在他们眼里，表面的矛盾是不重要的，他们看的是矛盾背后的本质原因，找到了这个原因之后，将之解决掉，那么那些所谓的麻烦也就迎刃而解了。所以后者虽然做了一件事，但却解决了所有问题，前者虽然不停在做事，但麻烦却不断。关键就在于着眼点，在于能否看到问题的本质。

办事如此，说话也一样。况且，很多时候，解决矛盾就是靠语言的。

在这点上，马云是个高手，他总是能够通过三言两语解释清楚看起来矛盾或者极其麻烦的事情，从而一举将之解决。

在《对话》栏目中，马云就是这样应对别人的提问的：

田宁：这几年下来，阿里巴巴的广告直通车展位，阿里巴巴的钻石展位价格连年攀升，所以很多小的企业不能小而美了，开始承受不了，这个做法是不是意味着阿里巴巴开始疏远小企业，转向大公司了。

马云：因为每个人的角度和看法不一样，在座所有的小卖家觉得我们没有给他们足够的资源，卖家到我们办公室来骂人的特别多，你们到底是靠我们养还是靠自己养？三年前阿里巴巴的年会上，我跟所有的客户和同事讲，阿里眼里没有大企业和小企业之分，只有诚信和不诚信之分，是不是努力和是不是创新的企业之分。当年我跑了很多人家说来淘宝，费劲口舌都不行，一年以后我再跟他讲，去年他来找我，我说你把自己这摊生意干好别来了，今天淘宝人说在淘宝上生意越来越难做，我告诉你从来没容易做过。中国什么时候做生意好做过？没有好做过。

就是全世界也没有地方好做生意，全世界也没有时候好做过。任何时候，你都在跟同代的人竞争。所以我觉得，你要问我，我不讲谎话，我最喜欢小卖家，但是我不排斥大卖家，大企业搞不过小企业的比比皆是，很多销售额过亿的都是从淘宝做起来的。所以我觉得只要你想干，你想办法，你就会有机会。

很多人纠结于阿里巴巴对待客户的态度，是对大客户好些，还是对小客户好些，然后都认为自己没有得到重视，从而心生不满。这对阿里巴巴是不利的。对马云来说，最好的方式就是解决人们心里的疙瘩。他直接将企业大小的分类忽视了，而提出了阿里巴巴是用信用分类的。这样，问题就解决了。

很多时候，看起来不可调和的事情，其实并不很复杂，我们觉得复杂不过是因为没有看到其本质罢了，只是将表象当成了事情的全部。这时候，就需要另辟蹊径，找到问题的关键，然后将之解决。

在回答别人问题的时候，不要跟着对方的思路走，不要对方问什么就回答什么，而是想清楚问题的本质，再告诉他们矛盾的解决办法，自然能够让他们满意。如果不能找到问题的本质，而是在对方提问的地方纠缠不清，那么只会导致对方产生更多的问题，而且每个问题都非常恼人。

说服诋毁你的人，不如说服眼前质疑你的人

不要让自己看不到的人或事影响到自己，而是要牢牢把握住眼前的。将我们能够得到的拿到手，才是真正的聪明，如果我们能够得到的不去争取，反而青睐于我们所得不到的，那么只能是给自己带来更多的麻烦。

人活一世，不可能让所有人满意。我们身边，会有特别爱我们的人，像我们的家人、朋友，也会有一些讨厌我们，至少是有些厌烦我们的人。这都是很正常的，每个人都会遇到类似的情况。

但是，虽然这是正常的现象，但我们还是希望认同我们的人越多越好。当别人质疑我们时，就要想办法说服他们。

不过，那些质疑我们的人，也不会当着我们的面表达出来，而总是在背后跟别人说他们对我们的不喜欢。等我们从别人那里接收到这个信息的时候，可能已经是很久之后的事情了。

有时候，我们可能无法直面那些对我们提出质疑的人，但却可以通过自己的解释，让眼前这个传达的人认同我们，觉得我们是好的。

马云在接受《时尚先生》的采访时，就曾用过类似的方式来回答问题。

主持人：你刚才讲到，社会上也会有讨厌马云的人，我从外部观察的角度来讲的话，这些人大部分是从2011年之后开始出现的，你觉得原因是什么呢？

马云：其实一直都有。只是2011年之后多一些。一些所谓的正义之士就是因为支付宝的事情对我咬牙切齿，觉得我这个人背信弃义，违背契约精神，好像要干掉整个中国互联网。

大善乃大恶，大恶乃大善。你在做这件事情的时候，你心里明白，什么时间你能补回来。就像2007年，我做雅虎40%股权的时候，我知道这步棋40%如果都被人家控制了，你将来就惨了。孙正义最明白。那天我对孙正义说：好，我马云是个背信弃义的人，是违背契约精神的人。但如果我能找到这样一个人，我总共投给他三四千万美金，但能够拿回来150亿美金的回报，那么，我很喜欢能找到这样一个背信弃义的人来。孙正义说：是啊，我找到了。到今天为止，他总共投了5000万美金不到，拿回了近4亿美金，还有30%以上的股份。要是能找到这样一个人，违背契约精神，我也很高兴。对不对？

我们不是背信弃义的人。但在做这件事情的时候，话语的主动权不在我们这儿。我们在做事，别人在说事。说的人最容易，而且前面先定论你就是这样的时候，你说不清。又刚好吻合微博刚刚起来的时候，因此，所有的人一致认为这社会上都是坏人。

时间会证明一切。所以，恨我的人，我没有办法让他们happy。我也没有办法让所有人喜欢我。我也不希望所有人喜欢我。你喜欢我干吗？和我有什么关系？我老婆也只能娶一个。对不对？

马云知道有很多人不喜欢他，也知道自己可能永远都无法让那些不喜欢他的人喜欢上他。但是马云明白，自己可以通过解释，让一些不了解自己的人，至少让在自己眼前的人喜欢上自己。

所以，马云的回答看似是针对那些骂他的人的一种解释，倒不如说是说给现场的人听的。他不需要那些骂他的人喜欢上，但必须要现场的人了解并喜欢上他。

这就是一种处世智慧了。不要让自己看不到的人或事影响到自己，而是要牢牢把握住眼前的。将我们能够得到的拿到手，才是真正的聪明，如果我们能够得到的不去争取，反而青睐于我们所得不到的，那么只能是给自己带来更多的麻烦。

在跟别人解释的时候也一样，比如一个人在背后诋毁你，然后第三方将话语传到了你的耳朵里，这时候不要急着去诋毁那个说你坏话的人，而是表现出一种大度和包容。这么做的目的不是原谅了那个背后的诋毁者，而是给眼前的这个人留下一个好的印象，这样我们就会多一个朋友而少一个敌人。

不要意气用事，那样只会让我们堕入情绪的深渊，从而做一些对我们不利的事情。不管是说话还是做事之前，总要好好思考一下，找到对自己最有利的，再去说，再去做。

与人交谈，话题要选择余味无穷的

谈过往仅仅是在聊天而已，而谈未来，却可以让两个人成为战友。这就是差别。

我们有些人喜欢怀念过去，他们在跟人聊天的时候，都喜欢谈过往。其实这并不是一个特别好的话题。

两个人谈话，尤其是两个认识不久的人，总是愿意彼此分享自己以前的经历，这样做是为了告诉别人，我愿意跟你交往，所以我不吝啬告诉你我的过去，那是我珍藏的东西，我愿意与你分享，就说明我接受你了。

这是不差的，不过这类事情只需要点到即止，对方了解到这个信息之后就可以打住了，接下来谈的应该是未来。因为你眼前的人不可能参与你的过去，但你们却可以一起策划未来。只有两个人共同做过一件事之后，才能让彼此更加亲密。谈过往仅仅是在聊天而已，而谈未来，却可以让两个人成为战友。这就是差别。

2012年中国经济年度人物颁奖典礼的现场，马云和王健林先生抛出了一亿元的赌局，成为很多人关注的一个焦点，我们不妨先从年度盛事说起，来回顾一下当时的现场。

王健林：电商是一种新模式，确实非常厉害，特别是马云做了以后，大家要记住中国电商只有马云一家在赢利，而且占了95%以上的份额，他很厉害。但是我不认为电商出来，传统零售渠道就一定会死。

马云：我先告诉大家，王总这番话对传统零售来说是一个好消息，即电商不可能完全取代零售行业。而我告诉大家一个坏消息，它会基本取代零售行业。

王健林：我跟大家透露一个小秘密，其实我跟马云先生早就对这个问题讨论过，我跟他有一赌，今天在公开场合说出来，2022年，即十年后，如果电商在整个大零售份额占了50%，我给他一个亿，如果还没到，他还给我一个亿。

马云：光有勇气是不够的，尽管我们都需要勇气，在机关枪面前，这个形意拳、八卦掌、太极拳是一样的。

主持人：王健林先生说出一亿元的赌局时候，你吃惊吗？你们之前有过一些私下的沟通或者就这个问题探讨过吗？

马云：其实前一天我们有过争论，然后他说赌，但是没说数目，听了一个亿我也吓了一大跳，我觉得赌一块钱可以，对着亿万观众面前赌一个亿，我觉得你们在那豪赌。

主持人：到底赌局谁赢谁输，自己有多大把握？

马云：我不跟任何人赌没有把握的赌。这个是因为你不懂才会赌，赌了一个亿。如果各位还不认为十年以后，这个零售行业或者传统行业会被互联网电子商务冲击到50%的话，我估计他在这个领域里面刚刚进入而已。电子商务它绝对不是一种生意模式，它是一种生活方式的变革。十年以后，结局只会比我们想得更加可怕，因为它摧毁的不是一种商业模式，它摧毁的是一种旧的思考，它是一种社会的进步，所以是不可逆转，所以50%这个赌王健林还是不赌为好。电子商务的目的不是去消灭谁、推翻谁，而是建立未来我们认为更加公平、更加透明、更加平等的商业生态环境，其实我们说今天这个企业打败那个企业，那个企业打败这个企业，一点意义也没有。换句话说，一头羊把其他的公羊打败了，觉得天下第一了，可一看狼来了，咔，瞎搞，瞎整，因为它完全是两种不同思考的作战。

马云所以能够那么受欢迎，就是因为他一直在谈论未来。他告诉员工们未来的公司会什么样，所以员工们愿意接受他，因为他描绘的是大家一起奋斗的画面。他给观众讲述未来会什么样，观众也会接受他，因为他描述的是大家共同的生活。这是一种能够走进别人内心的讲述方式，能够给人产生更多的回味。因为只要他们想到自己的未来，就会想起你曾经说过的话。

谈论过往，可以让我们自身体验更多的甜蜜；谈论未来，却可以让我们跟每一个在场的人融合在一起。尝试着在讲话的过程中，多跟别人讲讲未来，那样会让我们更受欢迎。

从别人的角度夸自己

向别人推销自己的商品时，总是说我们如何如何好，觉得这样别人便会认可自己的商品。却不知，这并不是好的办法，因为人们在做决定的时候，考虑的并不是要选择有多么好的，而是能够给自己带来多少利益，或者少去多少麻烦的。如果总是按照自己的角度讲话，没人会感兴趣的。

马云是一个商业精英，同时也是一个营销的高手。他总是能够在第一时间引起别人的注意，让人听他的，为他所用。能够做到这些，就在于他那绝妙的口才。

一般的人，向别人推销自己的商品时，总是说我们如何如何好，觉得这样别人便会认可自己的商品。却不知，这并不是好的办法，因为人们在做决定的时候，考虑的并不是要选择有多么好的，而是能够给自己带来多少利益，或者少去多少麻烦的。如果总是按照自己的角度讲话，没人会感兴趣的。

在这方面，马云就做得很好，下面是他的一段讲话，我们看看马云是如何介绍自己的优势的：

我们第二步，是如何让那些诚信的网商富起来，邓小平说让部分人先富起来，我们希望是让诚信的网商富起来。

阿里巴巴希望让信用等于财富。几年前也是在网商大会上，我们说我们呼吁银行全力支持中小企业，但是银行有自己的难处，谁没有难处，所有人都有自己的难处，它们的模式很难让它们真正地服务好网商、服务好中小企业。

所以，阿里准备在这里全面挺进，不是因为我们想挣更多的钱，而是我们觉得在这个时代，我们需要用互联网的思想和互联网的技术，去支撑整个社会未来金融体系的重建。

在这个金融体系里面，我们不需要抵押，我们需要信用，我们不需要关系，我们需要信用，我们不需要你挣多少钱，我们需要你踏踏实实地为客户服务。

两年的试验告诉我们，我们近几百名员工，完成了给15万家企业贷款，平均每家企业贷到的款是4.7万人民币，这只是刚刚开始，我们将用最好的技术，评价信用，让在座以及无数网商群体们能得到金融服务。

因为你们是中国的希望和未来，对未来的希望，我们做出的只有努力和帮助，当然帮助大家也是帮助我们，我们不希望亏本，我们也不会亏本，不赚钱是不道德的。

“在这个金融体系里面，我们不需要抵押，我们需要信用，我们不需要关系。”这句话，明明在夸耀自己的优点，但却能引起别人的共鸣。关键就在于他是在夸自己，却是从别人的角度夸的。很多人介绍自己公司多么好，都是说我们有多少多少市场占有率，那是你们公司的事情，跟其他人无关，所以你们的市场占有率再高，一样无法引起别人的共鸣。但马云的这几句话不一样，他所列举的自己公司的优点，都是跟用户息息相关的。都涉及用户的利益。

当用户听到他的这几句话之后，马上想到开实体店要筹备注册资金，资金不够的还要找各种关系帮忙筹划。这些都是麻烦，而且是极其麻烦的。当人们的脑海中出现这些麻烦之后，自然就愿意选择马云了，而那些已经选择马云的则会表现得很庆幸，认为自己做了正确的选择。

这就是马云的营销术，不是从自己的角度出发，而是从别人的角度出发。当我们给别人带来便利的时候，别人是一定会认同我们的。如果我们只是陈述属于我们自己的，与别人无关的便利的时候，别人自然不会认同我们。

没有人愿意为别人的优秀买单，人们只愿意为自己的优秀买单。所以想要通过自己的优秀让人与我们合作，就要强调我们的优秀可以给他们带来便利。从这个角度来介绍，自然就可以很容易地将问题解决了。

站在别人的立场说自己的话

说话时，一定不要太过自我，要顾及到别人的感受，最好是顾及到别人的利益。只有这样，别人才会愿意听我们说，也愿意认同我们。如果我们讲述的永远是自己的故事，跟听者没有任何的关系，那么他们是不会感兴趣的。

一般来说，说话时带“我”字太多的人，除非地位或者成就很高，否则一般不太会受欢迎。每个人都在乎跟自己相关的事情，而不太愿意站在别人的立场来思考问题。因此，人与人交流的时候就容易产生认知错位。很多时候，你觉得有意思的事情，别人可能觉得很无聊，你觉得一件事对你很重要，但在别人眼里可能根本就微不足道。这就是总说“我”的人为什么一般不大受欢迎的原因了。

不过，有一类人却很特别，他们说的也都是与自己相关的，但却很受欢迎。这类人便是站在别人的立场讲自己话的人。

在这方面最具代表性的，当属马云。熟悉马云的都知道，他在公共场合永远在讲述自己的事情，但却总是能够引起别人的共鸣，这是因为他能站在别人的立场说自己的话。

2006年马云在人民大会堂小礼堂中国科学与人文论坛上做了精彩演讲，这里截取其中一部分，让大家感受下马云是如何说服别人的。

再者就是使命感。使命感是非常重要的，阿里巴巴的使命就是让天下没有难做的生意，让他们挣钱，帮助他们省钱，帮助他们管理员工。新浪、搜狐、网易他们比我们有运气，他们可以模仿雅虎，但是阿里巴巴B2B是我们自己想出来的。阿里巴巴到底往哪个方向去？我郁闷了一个月，直到纽约论坛的时候我碰到克林顿夫妇，我向克林顿问了这个问题，他说这是好问题。他说美国不管是军事还是经济都是全世界最强的国家，他说使命感驱动他这个总统往哪里走。

我们提出让天下没有难做的生意以后，我们就把这个作为阿里巴巴推出任何服务和产品的唯一标准。我们以前曾经说最少推出一个免费的产品，我们工程师和产品设计师、销售师马上想到把这个免费搞得复杂一点，将来收费搞得简单一点就可以了，所以我们产品就越做越复杂。后来我问他们的使命是什么，我们全体员工就说天下没有难做的生意，我问那为什么把产品搞得那么复杂？大家一下就醒悟了，我们就把产品做得非常简单。让客户越来越简单，把麻烦留给我们自己，这就是当时使命感的驱动。

然后再提出价值观。我们看很多公司内部钩心斗角，尔虞我诈。一个企业起来的时候一定要约法三章，管理50个傻瓜是最痛苦的，而管理50个聪明人更痛苦，有才华的人都有一点怪异，大家都互相不服。所以我们提出必须要有共同的价值观，如果没有这个价值观这个公司一定会完。为什么梁山好汉108将他们跑到山上打不起来，因为他们有共同的价值观，兄弟为大，他们共同的使命感是替天行道，但是很遗憾没有共同的目标。

阿里巴巴对所有的员工约法三章，做人我们讲究诚信，我们更讲究激情、敬业；做事我们讲究团队精神，一切以客户为目的。我们把这些和季度、年度考核结合在一起。

这就是典型地站在别人的立场讲自己的话。我们可以看到，马云一直在介绍自己的公司，但其介绍的角度不是我们付出了多少辛劳，或者我们取得了多少辉煌的成就，而是我们为客户准备了哪些服务，这些服务是怎么来的。

虽然在表述自己的事情，但却是从客户的利益出发。因此，虽然马云说的是自己，但别人一样会有很深的认同感。因为马云的话关系到了别人的利益，有助十别人选择。这就是最高明的说话方式了。

说话时，一定不要太过自我，要顾及到别人的感受，最好是顾及到别人的利益。只有这样，别人才会愿意听我们说，也愿意认同我们。如果我们讲述的永远是自己的故事，跟听者没有任何的关系，那么他们是不会感兴趣的。所以，我们要学会多站在别人的角度上说话，这样才能引起彼此的共鸣。

CHAPTER 03
第三章

情深言切，讲话才会掷地有声

评论人：不倾向，不讲谁是谁非 <

赞美人：别浮夸，要诚心诚意 <

规劝人：以“我们”的角度来表述 <

影响人：端正态度，在讲话内容上下工夫 <

拒绝人：拿出一个可信的理由 <

激励人：表达宏愿，不刻意吹牛 <

评论人：不倾向，不讲谁是谁非

两个人聊天，说到对某人的看法时，如果表达不妥帖，而谈话内容被传了出去，就容易得罪那个被评价者。遇到这种问题的时候，一定要慎言，不要无端给自己惹麻烦。

与人聊天，极有可能发生争论，这时就更加考验一个人的说话能力了。如果讲不好，很可能就会得罪人。因此，跟人争论的时候，一定要克制自己的情绪，不要掉进情绪的旋涡，说些很过激的话。在对其他人或事物进行评价的时候，也可能会得罪人，从而给自己引来麻烦。

生活中，就有很多这样的问题。比如两个人聊天，说到对某人的看法时，如果表达不妥帖，而谈话内容被传了出去，就容易得罪那个被评价者。遇到这种问题的时候，一定要慎言，不要无端给自己惹麻烦。

马云在做客专访《马云与80后面对面》时，就遇到过类似的问题，我们来看看马云是如何回答的。

观众：很久以前，您对当年QQ大战360有何看法？以及您对拍拍网有何看法？谢谢！（掌声）

王利芬：这个问题好像很期待似的？

马云：对。我从来没回答过这个问题。我觉得这场竞争也好，这场冲突也好，是互联网发展到今天为止一定要碰上的。

社会给了我们互联网公司巨大的信任和巨大的资源，我们今天不能动用客户的利益去展开竞争。互联网应该是想办法促进社会的发展、沟通和交流。我也竞争过，我希望竞争是这样，森林里面的竞争狮子吃羊，绝不是因为我恨羊而是我需要发展。

昨天我听说北京城里的最早的黄包车被汽车取代了，所有的黄包车砸汽车。我们要反思了，这是这场冲突给我们带来的好处。我不想多作评论，我觉得很遗憾但不可避免，我们都在学习中进步，有一点是肯定的，从这一场以后，再没有互联网公司敢拿客户的利益去展开竞争，这个时代过去了，我为这个坏事带来的好事感到骄傲。

评论同行，从来都是考验智慧的。有很多人，一旦遇到这样的问题，便收不住嘴，会大说特说同行的缺点和毛病。这样就是不好的，人非圣贤，孰能无过，一个总是说人过错的人，多半不会招人喜欢，原因就是他们太过刻薄了。

但是，很多时候这类问题又是不得不去面对的。就像马云遇到的这个问题，很棘手。如果为了避免引起争议话题，两边各自夸奖几句也是不行的，因为这不算是回答。但马云很聪明，他没有说谁对谁错，也没有说自己更倾向于哪一方，而是从发展的角度，告诉大家这类事情是不可避免的。而之后大谈科技公司的好处。这样，既给人回答了问题的感觉，又不会让别人，尤其是被评价者不舒服。这就是一种讲话的技巧了。

直言是好的，我们说话就要真实，不要拐弯抹角，但也有一个限定，那就是不能给自己惹麻烦，也不要给别人以伤害。如果是给自己惹麻烦，或者会给别人带来伤害的直言，那么宁可不说。

不管是跟人交谈也好，还是回答别人提出的问题也好，怎么应对都是很有讲究的，也很考验智慧。在回答之前，一定要思考清楚，我们说出的话是否真正回答了对方的问题。如果是肯定的，那么就可以准备回答了。还有就是，要思考这番话说出去之后，会给我们带来哪些后果，以及是否会对无关的人造成伤害，如果都没有，那么就可以说出口了。

很多时候，提问者和被提问者所处角度不一样，对同一句话，理解也就不一样。如果说的是我们想说的，那么虽然有人会不快也无大碍，至少我们表达了自己的意见。可是如果我们本来不是那个意思，可是由于表达不到位，从而让听者误解，然后对我们产生了看法，那就太不划算了。

说话是最容易的，每个人都会，但说话也是最不容易的，很少有人能将之说好。多向那些讲话高手学习，慢慢锻炼自己，你的表达能力自然会有提高。

赞美人：别浮夸，要诚心诚意

赞美，一定是要发自内心才有力量，如果是那种虚情假意的赞美，还不如没有。

与人交谈，谈的是心，如果想走近对方的内心，不仅要让他感受到你对他有足够的尊重，还要让他明白你很欣赏他。这时候，赞美别人就显得很重要了。

一句赞美的话，可以让一颗冰冷的心融化，也可以让一个陌生的人对你露出笑脸。常言说，良言一句三春暖，赞美的话是能够让听者内心产生愉悦。不过，这里要注意一个度的把握。

赞美，一定是要发自内心才有力量，如果是那种虚情假意的赞美，还不如没有。另外就是，赞美别人的时候，不要随意说，要说到点子上。比如，谁都愿意听别人说自己长得漂亮，可是如果对方是那种长相极普通，且知道自己长相极普通的人，夸他们漂亮就显得有些假了。这时候，就可以从气质和风度上入手，夸他们气质非凡或风度翩翩，这样才有效果。

下面是有关马云的一篇报道，我们来看看马云是怎么赞美别人的。

2007年，马云出席了互联网年会，在会议上马云对淘宝的用户表达了感谢。他说淘宝的成长与无数小网站以及淘宝的卖家们是分不开的。马云坦言，淘宝网刚刚起步的时候，跟eBay竞争，对方企图将淘宝扼杀在摇篮当中，通过排他性协议阻止淘宝在门户网站投放广告。为了生存下来，淘宝只能另想他法，就是在“互联网的农村”，即中小网站上投放广告。马云说：“所以，淘宝有今天，不能忘记当年在‘井冈山’和‘延安’帮助过我们的老乡。他们给我们的支持，让我们有了今天。”

马云认为，中国互联网和全世界互联网不应该都被大网站所垄断，否则就违背了互联网精神。阿里巴巴就是要发掘中小网站的价值，把他们培养成为中国未来的国际大站。

在会议上，马云还赞扬了雅虎中国的搜索团队为阿里巴巴的成功所作出的巨大贡献。马云说他永远也忘不了当初雅虎为支持阿里巴巴而专门派那些精英团队前往杭州，可以说，阿里巴巴的后台系统和研发，他们是最早参与其中的，也是起到了极大的作用的。作为一个面向中小企业的开放透明式网络广告平台，其投放广告精准匹配程度是核心价值所在，也是广告主最为关心的问题，而这个问题的最佳技术解决手段，自然是搜索。因此，当初的雅虎支持团队，确实是帮了阿里巴巴的大忙。

马云的赞美是由衷的，从中我们可以感受到马云满满的诚意，可以确定他是真心在感谢别人的帮助，也是真心在感谢这个时代给他提供了这么多的机会。

有人常会走进一个误区。在与人交谈的时候，总是怕被对方看扁了，从而不停地显示自己曾取得过哪些傲人的成绩，夸耀自己有多么的优秀。他们一直陶醉在自己的世界里，从不去赞美对面那个听自己说话的人。以为这样对方就会认同自己，觉得自己厉害。却不知，这往往是最坏的做法。

人们相互交流沟通，多是为了结交朋友，如果处处显示自己，想要让对方崇拜自己，那么必然要失败。只有给对方以赞美，让他们觉得我们是欣赏他们的，才能拉近彼此之间的距离，两个人的心才走到一起去。

规劝人：以“我们”的角度来表述

“规劝”、“教育”别人的时候，要想不给人留下不快和反感，就要像马云一样会转换角度，不以旁观者的角度去教训人，而用“我们”的角度来表述，这样才不会让对方尴尬，不会让对方觉得自己不如人。

忠言大多是逆耳的，不过一个讲话的高手，完全可以将之说得顺耳些，让对方接受。想要做到这样，就要讲究讲话的技巧了。

一般来说，即使是可能让对方感到尴尬的道理，也是可以通过恰当的表达方式化解对方的尴尬。这其中最重要的就是一个姿态问题，不要觉得我们在某个问题上比对方高明，或者我们正要说的话对对方有好处，因此就什么都不顾及了，以一种高高在上的姿态去教训别人。或者是以一种否定的语气，告诉对方他们现在所做的事情毫无意义，他们之前的付出没有半点作用。这样的做法，都是不妥的。虽然我们是好心，也确实对对方有帮助，但还是要讲究一些策略，让对方不那么排斥才好。

2011年9月10日，在第八届网商大会上，马云发表了主题演讲。其中就有关于忠言的部分，我们引用其中一段，看看马云是如何将忠言说得不刺耳的。

我们永远要知道，在生态体系里，打败我们的，不是别人，是我们顽固的思想。不是对手灭了你，而是你自己灭了自己。要回归自己，不管你今天的企业多大，永远要知道你是谁，你凭什么？你要什么？你放弃什么？这些问题想不清楚是不行的。

在商场中，不是打败对手你就算赢了，因为对手太多了。这块土地要有生物多样性，我们必须让各类网商、各类竞争者在上面生长。竞争是让我完善，让我成长。我特喜欢竞争，一听见“竞争”我浑身快乐。竞争比的是什么？比的是如何比对手更加快乐地完善自己，如何让对手越来越恼火，越来越不爽。会打架的人是不会生气的，生气的人一定不会打架。

学会和对手相处，才是最厉害的。狮子去吃羊，绝不是因为我恨羊，而是我不得不吃。打败对手，绝不是因为有多么强大，而是对手故步自封，不愿意完善自己，使他失去了未来。所以我觉得，只有跟对手一起玩，活得好的才算赢。没有狮子，羚羊们也活不久，所以你不要去恨对手。

上面是马云的一段讲话，也是在“规劝”、“教育”别人，但丝毫不会引起别人的不快和反感。

之所以会这样，就在于马云很好地转换了角度。他没有以旁观者的角度去教训人，而是用“我们”的角度来表述，这样不会让对方尴尬，也不会让对方觉得自己不如人。

这种角度的转换，可以让对方感觉到，我们是跟他在一起的，是平等的，而不是以师长身份来教训他的。这样，对方自然就更乐意于接受了。

还有就是，马云并没有直陈大道理，而是举了例子来说明，这样更加生动，同时对方也会以一种参与解读故事的身份来探寻道理。他们会觉得，自己明白的道理中，有一部分是我们传达给他的，还有一部分是自己从故事中体会出来的。这样，他们虽然是在接受别人的帮助或者说教，但至少是主动的。从而也就没有了失落和怨恨，因此，就不会排斥我们的讲话。

帮助朋友是一件愉快的事情，可是如果因为自己的表达技巧不足，在帮助的过程中让对方产生了一些反感，产生很多不必要的麻烦，那就太可惜了。因此，一定要尝试着学会以“我们”的角度去表述，尽量做到让忠言不逆耳。

影响人：端正态度，在讲话内容上下工夫

遇到困难的时候不要怕，而是迎难而上，将之解决。这就是马云的行事之道，也是他一直在传达的理念。正是这份理念，让马云感染了一批又一批人。

评价一个人口才好坏，不仅要看他的讲话技巧，还要看传递出来的是什么样的信息。表达技巧好的人，自然更受欢迎。可是，如果一个人表达技巧

好，但说的内容传达的是负能量，照样不受欢迎。所以，想要让自己的讲话吸引更多人，还要在讲话内容上下工夫。

当今的社会，正能量的话更能吸引人。所谓正能量的话，就是可以给人加油、鼓劲的话。这样的话能够点燃人们内心的激情，让人听了之后产生希望。

马云就是一个传递正能量的人。了解马云的都知道，他很少抱怨，在遇到困难的时候，也从不将原因归结为环境的变换，而是总是在第一时间寻找解决办法。这个态度就是正能量的。更为重要的是，即使是不太具备正能量的话，他也能够讲出正能量来。这就是一种境界了，总是能把“坏”事往好处说。

在讲到创业的艰难时，马云说：

什么是品牌和企业？我比别人活得长。你活着人家死了，你就是品牌，就是这么简单。

我觉得做一件事，经历就是一种成功。你去闯一闯，不行你还可以掉头；但是，你如果不做，就像“晚上想想千条路，早上起来走原路”一样的道理。

如果一个年轻人今天和你说他要做什么，三年后依然说他要做这个，而且坚持在做，那你就一定要给这个年轻人机会。

创业者就是要面对困难。

在困难的时候，你要学会用左手温暖你的右手。你在开心的时候，把开心带给别人；在你不开心的时候，别人才会把开心带给你。

开心快乐是一种投资，你开心就要和别人分享，然后有一天别人会回报于你。做一份工作，做一份喜欢的工作就是很好的创业。

没有自己经历过困难的人，都不会克服更多的困难。能帮助他一次，很难帮助他第二次，人只有靠自己。另外还要记住，这个世界上充满着爱、充满着关怀和关心，所以他应该想他今天碰到的是运气不好的事，比他倒霉的人多得很。

别人怎么说，是没办法的事。你自己要明白，我要去哪里？我能对社会创造什么价值？创业的时候，我的同事可能流过泪，我的朋友可能流过泪；但我没有，因为流泪没有用。

我自己告诉自己，我做的事情是对的，我做的事情是非常艰难的，很少有人做得了，但是我愿意尝试。这是一个临界，你跨过这个临界——最艰难的黑暗，你就有可能看到曙光。黎明前的黑暗是最难挨的。

最重要、最珍贵的是，犯了很多错误，走了很多弯路，我们还更有信心面对明天的挑战。

遇到困难的时候不要怕，而是迎难而上，将之解决。这就是马云的行事之道，也是他一直在传达的理念。正是这份理念，让马云感染了一批又一批人。

很多人都有一个不好的习惯，即爱抱怨。工作不顺利的时候，他们抱怨工作环境不好；个人不开心的时候，他们抱怨这个社会太过冷漠。总之，他们身上的一切不好的东西，都不是由他们自己造成的，而是外在环境造成的。这样的人就是不讨人喜欢的，他们给人的感觉就是一个阴郁的、不敢承担责任的人。他们的话自然也就是负能量的话，不仅不会获得别人的认同，反而会让很多人产生厌烦感。

而传递正能量的人则不然。他们总是有一种积极乐观的心态，也有一份勇往直前、不畏艰险的精神。就像马云一样，互联网遭遇寒冬的时候，别人都在发愁，而马云想的是怎么度过这个寒冬。这就是一种正能量，能给人以力量，让人热血沸腾。一个能够给别人力量的人，自然是大家都喜欢的人。

拒绝人：拿出一个可信的理由

马云拒绝了很多人，但那些被马云拒绝的人并没有觉得自己受到了伤害，就是因为马云拒绝得很巧妙，很有理由。

一个人，难免不求人，也难免不被人求。不管是求人还是被人求，有时候都不是一件愉快的事情。

前者不愉快是因为我们要放低自己的姿态，祈求别人。后者让人不愉快则是对方所求的事情，我们未必能够做到，但又不好意思去拒绝。

这时候，就要看表达能力了。

一个真正的讲话高手，就是那种虽然回绝了别人，但却并不会让别人感到不快的人。他们敢于大声说不，更是懂得如何说不。

马云就是一个讲话高手，他不仅能够将别人喜欢听的话说得更加动听，也能将别人讨厌的话题讲得很有趣味。而且，马云还能做到让人愉悦地接受拒绝。

下面，我们就通过一段报道，看看马云是怎么做的：

马云就是一个敢于说不，也懂得如何说不的人。阿里巴巴的定位战略是跟中小型企业做生意，如果有大企业想要跟阿里巴巴合作，他们是不接受的，不过马云不会直接回绝对方，而是告诉他们自己不接受的理由，跟他们阐明，不合作对两者都有利。这样，对方也便会愉悦地接受了。

不仅对客户如此，对公司内部的员工也一样。阿里巴巴有很多老员工，按照一般人的理解，这些老员工都是在创业初期跟马云一起打天下的，是公司的元老，自然会获得更好的待遇。但马云却并不这么做，他对那些达不到要求的老员工，从来不会网开一面，一直拒绝给他们提升，而总是将一些中下层的位置给他们。有人问起为什么的时候，马云说："这是个死命令。一起创业的那18个人可以当连长、排长，但团长、师长以上的人，我通通从外面请。"

马云拒绝了很多人，但那些被马云拒绝的人并没有觉得自己受到了伤害，就是因为马云拒绝得很巧妙，很有理由。像对于大客户，就是为了共同发展而来的，给他们讲清楚合作对双方都不利的道理，对方自然明白，也便不会产生不愉快了。对于老员工也一样，给他们讲明白道理，让他们知道规则的重要性，他们也自然懂得马云安排的用意了。

因此，懂得拒绝别人的态度和讲话方式是至关重要的。要诚恳地跟对方讲明自己拒绝的理由，告诉他们自己的难处，多做些解释。最坏的拒绝方式就是只告诉对方我们不想帮助他这个结果，而不去告诉他我们这样做的理由。这么做了之后，对方就会觉得我们不重视他们。那这就是一次失败的交际。

激励人：表达宏愿，不刻意吹牛

豪言壮语不是不可以说，但是要分场合，场合用对了，那么可以提升我们的气场，让我们得到更多人的认可和尊重，场合不对，或者不管什么场合都挂在嘴边，便成了讨厌鬼。

说话不能假大空，但在需要营造情感氛围的场合，说一些豪言壮语是可以的。不过这时的豪言壮语也是有讲究的，要谈自己的理想，不要刻意吹牛。吹牛就不好了。

要明白，谈自己的理想，传递出的是一种勇于追求的精神，是在表现一种大无畏的胆识，旨在唤起人们内心中的能量，激起人们奋斗的热情。而吹牛式的豪言壮语则不同，那是一种刻意表现自己的虚伪，是不值得提倡的，甚至都不应该去做。

在传递梦想方面，马云自然是佼佼者。很多人都说，马云就是靠贩卖梦想起家的。这并不是贬义，因为一个可以贩卖的梦想，必然是一个可以实现的梦想，这样的梦想是值得尊重的，也是我们应该追求的。而且，这样的做法不仅激起了别人奋斗的热情，更是让言说者显得更加霸气，有气场。

下面就看看马云曾经的一段讲话。

奋斗的动力是什么？不是财富。我是商业公司，对钱很喜欢，但我用不了，我不攒钱，我没有多少钱。从大的方面说，我真的就想做一家大的世界级公司，我看到中国没有一家企业进入世界500强，于是我就想做一家。

如果我早生10年，或是晚生10年，那么我都不会有互联网这个机会，是时代给了我这个机会。在制造业时代，在电子工业时代，中国或多或少都错过了一些机会，而信息时代中国人有机会，我们刚巧碰到这个机会，我一定要做，不管别人如何说，我都要做下去。我觉得中国可以有进入500强的企业，我们学得快，在这个过程中，勇者胜，智者胜。

从小的方面说，既然出来了，那么就得做下去。89元的工资我也拿过，再过10年，可能我连平均生活水平都达不到。我不喜欢玩儿，有人为了权力，有人为了钱，但我没有这种心态。

说实话，为自己，为这个国家，为这个产业，一个伟大的将军，不是体现在冲锋陷阵的时候，而是体现在撤退的时候。网络不行的时候我真正体会到了如何做企业，2000年以前，我没有做企业的感觉，而现在我觉得自己是在做企业，而不是做生意。

“我看到中国没有一家企业进入世界500强，于是我就想做一家。”“我觉得自己是在做企业，而不是做生意。”这是两句非常霸气的话，也是两句非常有感染力的话。我们每个人也许都有野心，都幻想着自己能成为改变世界、受众人敬仰的人。把这种话说出来并不丢人，相反，也会让我们显得更加霸气、更有气场。

要懂得，真正的霸气是把自己的宏愿表达出来，而不是发狠斗勇。正因为如此，人们才觉得马云有强大的气场，是一个可以掌控局面的人。因为他敢于传播自己的梦想。

不过，也要注意，不要总是将自己的梦想挂在嘴边，还是要分场合的。我们可以看到，马云在演讲的时候，霸气更多些，因为那是众人云集的场合，需要这种氛围，而在回答单个记者或观众提问的时候，还是以务实为第一标准。这就是一个度的问题。

豪言壮语不是不可以说，但是要分场合，场合用对了，那么可以提升我们的气场，让我们得到更多人的认可和尊重，场合不对，或者不管什么场合都挂在嘴边，便成了讨厌鬼。

CHAPTER 04

第四章

展现诚意，让人发自内心地认同

不要总表达自己的意见，多听听别人怎么说

与人沟通的时候，不要太过直接，更不要太过张狂，要懂得给别人留有余地。如果太过张扬，总是在炫耀自己，那么就会失去很多东西，失去的可能是机会，也可能是朋友。遇到别人帮助抬高自己的时候，也要表现得谦虚些。要注意保持沟通双方的同等地位，这样才能真正得到我们想要的。

马云说过，“善于倾听别人的人容易成功。”

这句话的意思是，不要总是表达自己的意见，而是要多听听别人怎么说。如果心里只装着自己，处处都在展现自己，这样的人是很难成功的。因为他会因为太过于夸耀自己从而让别人产生不适感，之后远离他。当一个人成了一个孤家寡人之后，自然无法成功。

因此，与人沟通的时候，不要太过直接，更不要太过张狂，要懂得给别人留有余地。如果太过张扬，总是在炫耀自己，那么就会失去很多东西，失去的可能是机会，也可能是朋友。

遇到别人帮助抬高自己的时候，也要表现得谦虚些。要注意保持沟通双方的同等地位，这样才能真正得到我们想要的。

在一次演讲中，马云说：

我记得在飞机场买过一本杂志，我说这个人怎么这么厉害，翻过来一看这个人是我，可这根本不是我，写得有些夸张。在这里，我想说的是，不要

盲目地去追求有些东西。第一次创业的时候，你想做什么？到底要做什么？不要受外界的影响，你自己就要确定你今天就是要做这个事情。你要有决心，我记得我在做阿里巴巴的时候，有一个很大的公司给我的年薪是150万美元，不包括奖金和股票。这是很大的诱惑，但是我没有答应。我家人说我是疯子，这么多钱，你不要。我就说这个机会我不要，我就是想创办一个中国人的网站，所以有时候你要做什么愿望很强烈的时候，你会抵挡很多诱惑。现在很多企业不问你能做什么、因为这个世界上能做什么的人，比你多了。

成功的人说不清自己是怎么成功的。

有了这点以后你会非常独特，因为你想的时候非常深入，这两年我不跟别人探讨阿里巴巴的模式。今天我讲的未来五年是很模糊的。说心里话我真的不了解阿里巴巴的模式是什么。说实在的好的模式也不是从别人那听来的，好的模式是摸索出来的。一个月前我在亚布力会议上，参加企业会谈，有几个人在讲如何才是成功的企业家？后来我分析了他们几个人，他们基本上都是失败了几次。

一般来说，成功的人，往往说不清自己是怎么成功的。中间很多很多的原因、理由你不知道，还有很多运气成分，还有风水等，我觉得阿里巴巴这几年来，我们犯了无数的错误，但是我觉得那不要紧。在创业过程中，很多的灾难你预料不到。中国绝大部分企业今天还没有到这一步，绝大部分企业的战术就是活下来，到了一定的规模、一定的时候才会去考虑战略。

这就是马云，有事业、有地位，但没有架子。他总是能够摆正自己的地位，不以高高在上的姿态去面对别人，他懂得给别人留有余地，别人自然也会给他更多的认同。一个人，如果把自己说得比别人强很多，那么一定会尝到苦果。因为我们所谓的优势，不过是在某一个领域付出过更多的时间，有更多的积累罢了，而不是因为我们从智商上就比别人高出几个等次。

既然世界是公平的，人与人之间也没有太大的差别。那么用差别式的思维讲话的人，就必然要吃亏了。

不要过于炫耀自己，更不要跟别人无故争论，那样于我们百害而无一利，还是多听听别人是怎么说的吧。

把重视表达出来，让对方感受到

如果我们不去表达，那么对方会觉得这就是一次普通的谈话或者聊天，而不会对我们更加亲近。那样，我们的重视便起不到效果。把自己的重视表达出来，让对方知道，他们在我们的心中是有一定的地位的，自然能够获得对方的好感，那么谈话便会更加轻松了。

马云是一个演讲高手，他总是能够通过自己的语言赢得观众发自内心的掌声。这不仅在于马云思想独特，言之有物，更是因为他有很高超的讲话技巧。

同样的一句话，一个普通人说起来可能没有半点的力量，但是到了马云的嘴里，则会变成经典；同样的一个场合，别人开头讲话的时候，平平淡淡，但如果那个说话的人是马云，效果便立刻不一样了，他会讲得很生动。

马云能够做到这样，就是他了解人，知道别人想要什么，并且能够满足这种需要。

2001年的时候，阿里巴巴在温州举行了一次会员见面大会，马云作了精彩的演讲。他是这样开头的：

今天是星期天，大家能够光临，我代表阿里巴巴的员工表示衷心的感谢！

我11月4日去美国，美国各地的会员飞到纽约参加阿里巴巴的见面会。我们很快还会在日本召开阿里巴巴会员大会，2002年我们还会有欧洲会员见面大会。现在我们会员的增长速度非常快，我们的会员都希望更多地了解阿里巴巴。

我是第一次到温州来和会员见面。1983年我来过温州，一直以来我对温州的企业家非常钦佩。这次到温州，第一，要介绍一下阿里巴巴的近况；第二，想亲自体会一下温州企业家创业的精神；第三，我想把阿里巴巴从事电子商务6年的经验、想法、体会与大家分享。很多企业都不知道电子商务对于企业到底有没有用，应该怎么用它。很多人都说网络公司每况愈下，都差不多了，阿里巴巴是不是也是这样？我把我自己真实的想法与大家一起交流一下。

开头先介绍自己的行程，看似简单，其实是有目的的，也是能起到作用的。马云这次演讲的目的很简单，就是说服对方，让对方更加信任自己。这时候就需要给他们一个定心丸。马云介绍来之前的行程，通过表达自己很忙，而且忙的都是大事，说明阿里巴巴是受别人重视的，因此坚定会员们的决心，让他们更加认可阿里巴巴。同时，也表达了另一层意思，即我很重视你们。在那么忙的情况下，依然来跟大家见面、聊聊天，可见是把大家放在心里的。

很多人是不懂这个做法的。他们也会很重视自己谈话的对方，但是却从不表达。对方自然感受不到重视。

如果我们不去表达，那么对方会觉得，这就是一次普通的谈话或者聊天，而不会对我们更加亲近。那样，我们的重视便起不到效果。

把自己的重视表达出来，让对方知道，他们在我们的心中是有一定的地位的，自然能够获得对方的好感，那么谈话便会更加轻松了。

当然，表达对别人的重视也是有技巧的，像马云这种在不露声色中表达是最好不过的。而最差的表达便是直接告诉对方“我很重视你”。那样不仅不会让对方感觉舒服，反而容易引起别人的反感，觉得我们是用施恩的方式在获得别人的认同，是在要人情。

因此，表达对别人的重视是要讲究技巧的，可以从侧面突出，或者用讲故事的方式来表达。比如，告诉别人我们本来也是有另外一个约会的，但是为了见他，将之推掉了。这就足够了。千万不要在说完这些之后加上一句，“因为我重视你”，那样反而会起到反效果。

每个人都希望自己是人群中最抢眼的那一个，也都希望别人重视自己。因此，在与别人打交道时，要让他们知道，我们是真的重视着他们。这么做了之后，才能够让彼此更亲近。心理距离近了，自然凡事就好办了。我们需要他们帮忙的时候，他们会伸出援手；我们偶尔有小错误的时候，他们也会给予原谅。真正的朋友，都是从重视对方开始的。

说真性情的话，可以让你更受欢迎

如果想要得到别人的认同和欣赏，就要在真性情上下工夫。说话、办事，都秉承一颗真挚的心，用真性情去表露，自然能够让我们获得更广的交际圈。

马云给人的印象一般是疯狂、张扬或者激情，但这其实是马云的真性情，有什么就说什么，想到什么就说什么。这也正是那么多人喜欢马云的原因。

所谓的张扬或者低调，都是外在的表现，是形式上的。真正决定一个人是否受欢迎的并不是这些，而是我们的真性情。以真性情待人，那么不管是张扬还是内敛，都会受人欢迎；如果待人虚伪，那么不管怎么样，人们都不愿意跟他来往。

因此，如果想要得到别人的认同和欣赏，就要在真性情上下工夫。说话、办事，都秉承一颗真挚的心，用真性情去表露，自然能够让我们获得更广的交际圈。

2007年的时候，马云曾去台湾访问，之后接受了很多媒体的采访，其中一次采访中，马云与记者的沟通，很能体现马云的真性情。

记者：你在1995年就创立了中国第一个网站，之后又经营出全球最大的电子商务网站，你怎么看自己的成功？

马云：其实我从来都不觉得自己成功过。和很多所谓成功的人相比，我既没有技术背景，也没有父母庇荫，这样怎么能成功呢？可是，当我某天念头一转，发现如果阿里巴巴从世界上消失，那可能至少会有50万个中小企业因而破产、倒闭，数百万人失业，我才惊觉，原来自己做的早已经不是普通的事情。

其实若要说阿里巴巴成功，也不尽然，媒体对我们其实也是褒贬不一，对我来说，阿里巴巴不过是一家普通的公司，或许发展是比较快，名气也比较大，但我要说的是，对每一个进阿里巴巴的员工，我都会告诫他们，这里没办法保证你升官发财，但可以保证你一定会非常辛苦。

记者：不过很多人认为你在互联网还没进入中国时，就看到网络的先机，很有远见，你是怎么办到的？

马云：我没有什么远见，那都是瞎猫碰上死耗子，1995年我到美国找朋友，他向我介绍当时美国正流行，但中国却还看不到的互联网，我搜索了beer、China等字，发现一个关于中国的网页也没有，于是便设了可能是中国的第一个网站杭州翻译社，怎知开站的当天晚上就收到好几封电子邮件，我便想，网络应该可行。

于是我就回杭州，借了2万元设了中国黄页，我们一家家拜访中国的制造业，再把他们的产品目录翻译成英文，放到网站上，但当时中国根本没有人知道网络是什么，向政府注册也因没有网络的分类而遭遇困难，更有不少人把我们当成是诈骗集团。

为了建立知名度，我甚至盗用当时在中国名气正响亮的比尔·盖茨的名义来宣传，加上中国邮政终于在1995年8月在内地开通互联网，知名度才渐渐打开。

当时我身边所有的朋友都反对我放弃教职，投身未知的网络事业，但我非常坚持，因为我一直觉得我感受到了一些他们没有看到的东西，我觉得我应该要做。

由以上两个问答，可以看出马云的为人，就是很随意有真性情。他是这样的人，也这样说话。所以人们在短时间内，也会被他所吸引，愿意听他讲话。这就是真性情的魅力了。

不要压抑自己的情感，也不要刻意去营造一种情感。只要我们的情感不伤害到别人，那么就不妨大胆表露出来。这就是真性情，是一种最能获得别人认可的品质。说真性情的话，比虚伪、客套的表达，要受欢迎得多。

真正能获得别人认可的是真话

不矫揉、不造作，可能不好听，但绝对有道理，可以直达人心。

人都是爱美的，我们总是愿意把自己打扮得很美好，这样提升了自己的形象，给别人带来了愉悦。既是对自己的尊重，也是对他人的尊重。

其实，如何讲话也是装扮自己的一种方式。但这种方式却跟其他的装扮不一样。一般的装扮，越是隆重、越是奢华，便越能得到别人的认可，越容易取得自己想要的效果。可讲话正好相反，语言越是华丽，越是空洞，反而越容易被人讨厌。

很多人怕被别人瞧不起，因此刻意隐瞒很多东西，甚至是故意说谎，但结果往往是事与愿违。这么做不仅达不到自己想要的效果，反而被人耻笑。

真正能够获得别人认可的，从来都是真话，而不是我们虚构出来的谎言。只有将我们真实所想如实讲出来，才能给人更好的印象。

马云在一次给员工的讲话中，这样跟大家说：

我最近担心很多，我晚上老是做梦，爬山、爬梯子，每块石头抓不住，可能心理压力挺大，其实我心理压力最大的是担心年轻人。我们没有办法，必须边跑边干。我不承诺你发财，不承诺你升官，你在这个公司里面有很多的磨难、委屈、不爽、呻吟，这是我的承诺，经历过这一切以后你才知道怎么样才能打造伟大、坚强、勇敢的公司。

很多老板在给员工讲话的时候，都会采用一种“画大饼”的方式，他们会给自己的员工构建一个华丽的梦想，告诉员工们，到时候能够得到多么好的生活。并认为只有这样才能保证自己队伍的斗志，才能够让自己的队伍更加团结。但这样做的人，往往都失败了。反而是马云这种直言困难的人，将自己的公司做到了最大。

阿里巴巴是一个缔造梦想，也传递梦想的企业。但他们只传递愿景，从不传递虚幻的美好。马云一直告诉自己的员工，未来会很辉煌，但在通往未来的路上，却注定是布满了荆棘的。正是这一份坦诚，让阿里巴巴的员工愿意跟马云一起去努力、去奋斗，去实现这个大家一起守护的梦想。

再美丽的谎言，也不过是海市蜃楼般的虚幻。海市蜃楼可以给人暂时的愉悦，但总会因为它的虚幻而让人梦想破灭。只有经过努力得到的梦想，才是真的梦想。也只有告诉别人路上有艰辛，才能让别人有足够的准备去追求梦想。

这就是真话的力量，不矫揉、不造作，可能不好听，但绝对有道理，可以直达人心。

这是很多人成功的秘诀，也是马云讲话的一条原则。

我们believe（相信）了才会学习，不管别人怎么说，不管别人怎么看我们，疯人院里面的人从来不相信自己是疯的。我们在这里的人不能相信自己是傻的，不断对自己说我是第一，重复说一百遍，然后你就是第一了，很多事都是这么起来的。

这就是马云的风格，他从不吝啬给员工美好的希望，但却从不编织虚幻。马云所描述的美好是残酷的，但也是真实的。正是因为这份真实，所以有人愿意跟他一起努力。也正是这一份真实，让马云鼓舞了很多想要干一番事业的人。

说假话的人，总有一天会被人拆穿；只有说真话，才能让自己走得更远。

跟对方袒露心迹，更容易赢得认可

真正成功的交流，不仅是让对方认同我们的话，更是要认同我们的人、我们的内心。大胆说出自己的心里话，跟对方袒露心迹，更容易赢得别人的认可。

想要让自己的话能够吸引别人，不仅在于懂得很多讲话技巧，更在于说心里话。大家很容易就能够听出对方说的是实话还是在说谎。很多时候，一个人觉得他骗过了对方，其实未必，大多时候不过是对方不愿意揭穿他的谎言罢了。这时候，虽然对方也会微笑点头，但此次交谈之后，便不会再往来了。这就是失败的交流。

真正成功的交流，不仅是让对方认同我们的话，更是要认同我们的人、我们的内心。大胆说出自己的心里话，跟对方袒露心迹，更容易赢得别人的认可。

马云愿意对别人说心里话。正是他的这种真诚让他得到了大家的认可。一个口才再好的人，如果从没说过心里话，一样是无法得到别人的认可的。

在2010年中国地方与行业网站峰会中，马云做了精彩讲话，他说：

早上我在上海有人问我一个问题，当前中国互联网的三座大山压制了小的互联网企业的发展，问我怎么看。我在深圳的互联网大会上讲过，有人给我提的意见，马云都是你的淘宝网把我们所有的创新整坏了，使得我们的电子商务不能做。我首先告诉你一个坏消息，淘宝不会停下来等你，淘宝还会越来越大。但是告诉你一个好消息，或者是一个我自己的观点，不是把村里的地主斗倒了村民就会富起来。互联网怎么发展？人类社会怎么发展？大家想一想技术的发展。20世纪我们看到微软的时候，心里觉得这么的恐怖，有了微软这样的企业，我们还能发展起来吗？很讨厌自己生活在了这个时代。还有后来出现了雅虎和eBay，甚至后来出现了谷歌，然后又出现了Facebook，是不是这些活都被他们抢光了，容易干的活都被干光了。有了新浪网易就没有网络公司了？可今天又出现了新的一代。我想无论是阿里巴巴还是今天的互联网，都会被中小网站打败，我们被打败之后中国的互联网才有希望，这不是互联网的精神，互联网的精神就是更加的开放，更加的透明，更加的分享，更加的承担责任，更加的全球化。所以我想，来这里是向大家学习，在你们的身上，我不想说虚伪的话，因为你们今天的创新能力一定是超越了我，但是创业是很艰辛的，很多人都想创业。我认为100个人创业，95个人死掉了大概连声音都没有听见，还有4个人是你看着他死的，可能只有一个人能活下来。这个人活下来，不仅仅是因为他聪明、能干、勤奋，还有很多的机缘，就是感恩社会的支持，有好的时代，好的朋友，好的投资者和好的客户，还要有敬畏之心，社会的变革，很多的发展不是你所能想象的，一定比你想象的要复杂。我相信你们有很多的委屈和难过，有了上顿没有下顿，今天碰到了管理的问题，明天碰到了资金的问题，后天又碰到了其他的问题，我们都碰到过，我们这代创业的人都碰到过这些问题，只是我们没有放弃。有人问我，运气从哪里来？运气从感恩之中来；运气要怎么抓住它？要有敬畏之心，不要认为你抓住了一次机会，还会抓住第二次机会。要挑最容易、最快乐的事情去做，切记不要去找最重要的事情去做。不要在沙漠里面找最深的井，而是你挖了有七八口有水的井之后再挖一个有战略意义的井。

一段话，句句恳切，一听就是发自内心的。因此它能够让听者引起共鸣。当听者引起共鸣之后，就说明言说的人成功了，这就是袒露心迹的作用，可以瞬间拉近心与心的距离，让别人从内心深处认同我们。跟别人袒露心迹之后，你会发现，这世上到处都是真情，因为这种最真诚的交流方式能使大家一起分享内心的真实感受。

让对方感受到你的诚意

与其冒着双方都不满意的风险去说些客套话，倒不如说些自己想说的，先让自己满意。而且只要我们说的真实，对方肯定也会感受到我们的诚意，反而增大了双方都满意的概率。

很多人会为了给别人更好的印象从而去掩饰自己身上的一些特点。这样的人，总是按照别人的眼光来打扮自己，让自己尽量符合别人的预期。他们说话也是如此，总是说些别人愿意听的。其实，这大可不必。

世上没有完全相同的两片叶子，也不存在完全一样的两个人。即使是长相一样的双胞胎，性格上多少也会有些差异。每个人来到世上，都是为了做独一无二的自己，因此将自己做好，说自己想说的话就好了，没必要去为了取悦别人而故意将自我隐藏起来。

有人觉得，这种隐藏自我的方式是一种成熟，其实那不是成熟，那是世故，一个世故的人多半是不快乐，也不讨喜的。做人，真实和随性最好。

马云就是一个随性的人，大家都觉得，马云是一个著名的企业家，是一个大富翁，那么他平时的生活一定是奢华的，但其实不然。马云，一次采访中曾经自己透露，他身上穿的衣服并不是什么名牌，而是自己做的，鞋则是在淘宝上买的，也没多少钱。这份随性，便是马云的标签。而且在说话的时候马云也会在随性中表达出他的诚意，想到什么就说什么，不会去刻意隐藏自己。

在一次访谈中，马云就回答过类似的问题。

同学：我的问题是我本身是个比较直率的人，但是随着人年龄的增长或者人际交往的加强，逐渐有人要求你变得圆滑世故，你到底是遵从自己的本性还是社会主流大众给你的价值观？

马云：这两个事别对立起来，你自己坚持的东西未必是对的也未必是错的，社会大众也未必是对也未必是错，对你来讲，选择这个还是选择那个不重要，关键是选择适合自己的。

对我来讲也一样，你说我圆滑了吗？我觉得不是太圆滑。如果圆滑的话我会给你个面子我就不说了，但我还是要说出自己的看法。我觉得社会在不断地变革，你也要不断顺应这个社会，当然你的价值是，请问自己有我在和没有我在有什么区别？我对社会有什么贡献？对边上的人有什么贡献？对企业有什么价值？对我开的小店有什么价值？这是你要思考的问题。

我们不要因为害怕别人的品评而总是说些不痛不痒的话。要知道，我们觉得这样说别人会满意，但他们却并不一定这样以为。所以，与其冒着双方都不满意的风险去说些客套话，倒不如说些自己想说的，先让自己满意。而且只要我们说的真实，对方肯定也会感受到我们的诚意，反而增大了双方都满意的概率。

讲话要真实，要随性，要表达出自我来，不要前怕狼后怕虎，总是考虑别人的意见。很多时候，别人是没有意见的，他们的所谓“意见”更多时候是我们凭空臆测出来的。

所谓真实的话，并不一定是说出真理，更多的时候，是说出自己当时的所思所想，这样才会让别人感受到你的诚意。

说话要有傲骨，而不要带傲气

一个遇事不服输、面对困境不放弃的人，就是有傲骨的，生活不会轻易将他们打败。而一个处处以贬低别人来显示自己的人，就是有傲气的。前者是生活中的强者，后者则是彻头彻尾的“讨人嫌”。

俗话说，人要有傲骨，但不能有傲气。意思是一个人要有充分的自信，有强烈的尊严感，但不能太过狂妄。简单来说，就是要自爱、自信、自强，但不要通过贬损别人来表现这种自信与自强。

一个遇事不服输、面对困境不放弃的人，就是有傲骨的，生活不会轻易将他们打败。而一个处处以贬低别人来显示自己的人，就是有傲气的。前者是生活中的强者，后者则是彻头彻尾的“讨人嫌”。

做人就要有傲骨者，而不要带傲气。

马云就是一个有傲骨的人，接触过他的人都知道他很狂，但他狂得不讨厌，因为马云的狂不是觉得别人都不如自己，而是马云从不认为命运和现实能够打败他。这份面对生活永不服输的勇气，就是真正的傲骨。

马云曾做客央视《新闻会客厅》，在那次访谈中，马云的许多表现很好地诠释了他的个性：身带不盛气凌人的狂傲。

主持人：你觉得当别人说你是疯子、骗子、狂人的时候，对你都是某种程度上的冤枉吗？

马云：我自己看来觉得我并不是疯子，我也不是狂人，我更不是骗子。

主持人：但人家说你的时候你怎么看，你笑笑而已？

马云：我觉得挺好，你得用结果去证明你不是，1995年我们做互联网，人家认为我们在说一个不存在的故事，但是到1995年8月，中国电信一推出互联网的时候，我就证明这世界确实有互联网存在。别人都不相信电子商务，不相信中国的B2B和全世界B2B能够存在的时候，我们花了四年时间来证明B2B确实有这个市场，直到今天为止我们证明，我们今天提出来，我们希望把这个公司带成全世界最好的公司，是中国人创办的。别人认为你太狂妄，你怎么想打进世界五百强，想想也不要钱的，想想也不犯罪，你连想都不想怎么去做，你想了以后，然后你一步一步地落实，建立优秀的梯队去做。人家说你是狂人，你天天去解释我不是狂人，人家说你是疯子，你天天解释你不是疯子，那你就没时间做事儿了。

一个在生活面前不屈、能够将生活踩在脚下的人，才是真正的强者，也只有这样的人才有资格狂妄，而这种狂妄不会引起别人的反感。因为这代表着人类对命运的对抗，代表的是人类那不服输的勇气。

那些觉得应该把别人踩在脚下才能体现自己价值的人，才是真正让人讨厌的人。

所以，我们在跟别人讲话的时候，不要轻易否定别人。我们可以狂，但不能用其他人来显示我们的狂。在跟别人讲话的过程中，可以表达自己对生活的反抗，但绝对不能表现自己对其他人的反抗。前者是一种精神，后者是一种狭隘。

做人就要做一个有傲骨的人，讲话就要讲有力量的话。一个靠唱反调来凸显自己的人，只能给人浅薄感。

做人要傲，但是那傲是对生命的傲，而不是面对别人的傲。

真正的强者，真正会讲话的人，就要像马云那样——有傲骨而不带傲气的狂傲。

CHAPTER 05
第五章

本色随意“出演”，于狂妄中透出平实

太在意形式，会妨碍意思表达

真正的讲话高手，就是用最质朴的语言、最简单的方式和最少的字句将自己的意思表达清楚。如果太过于在意语言的外在表现形式，反而会妨碍我们将意思表达清楚。

不管说话也好，写文章也罢，最重要的不是华丽优美，而是清楚明白。一篇华丽而又空洞的文章绝对不能称作是好文章，说得天花乱坠但都是废话也绝对不能称之为好的口才。

真正的讲话高手，就是用最质朴的语言、最简单的方式和最少的字句将自己的意思表达清楚。如果太过于在意语言的外在表现形式，反而会妨碍我们将意思表达清楚。

马云就是一个不重形式重内容的人。第四届网商大会暨第二届网商节在杭州是在杭州开的，马云、郭台铭、孙正义等都出席了那次活动。在活动中，马云做了演讲，下面是其中的一段：

今天我很感谢郭先生给我们做的演讲。两个月前我跟郭台铭先生说好以后，他说你要把提纲和题目给我，前天早上我们还在开电话会议讨论怎么讲，我还没见过一个大佬准备演讲这么认真过。我在下面一直想，有些东西是让我感慨，第一，他感觉到成功，我自己也觉得。我不知道什么叫成功，但我知道什么叫失败，我不敢说我们是成功的，人开始承认自己成功的时候也是开始走向失败的时候。

另外一个，我觉得听了以后，我觉得我们两个有一个共同点，就是坚持啊，梦想啊，永不放弃啊，细节啊。大家都知道昨天晚上两点钟郭先生还在准备今天上午的演讲稿，他细节的处理，包括每一个字，都是他自己一笔一笔写的。一个很勤奋的人，很注重细节的人，很有理想的人才会走到现在。因为我对郭先生以前的了解也是通过媒体，我觉得媒体上绝大部分东西不能相信。至少别人把我说的那么好，我没那么好，别人说我那么坏，我也没有那么坏。所以我今天在这样一个场合，把郭台铭先生介绍给大家！

郭先生没有继承父母遗产，也就是三十年以来靠自己走到今天。我们都有自己的梦想，我的梦想刚好跟郭先生相反，我们第一次吵架就是从这儿开始，我认为大企业在信息时代会越来越小，我的梦想就是把所有的像富士康的大企业变成小企业，至少把它拆成四零八落的，大家有饭吃，要不麻烦就大了。

我们觉得是其实没有新经济和旧经济，我们这个新经济，所谓的互联网就是初始完善的设备，使传统行业更加美好，更加完善，但是我觉得旧工业时代，20世纪，由于规模化，由于资本化，逐渐形成了大企业的垄断，而互联网就应该打破这种垄断。

整整一段话，说得非常质朴，但表意清晰，丝毫不显啰唆，这样的话反而是打动人的。

要知道语言的动人之处在于其内容、情感，而不是是否华丽。用最质朴的语言表达人类最为基本的情感就能打动人。如果脱离了这一点，那么不管怎么包装都没有用处。语言是表达感情的而不是制造感情的，如果为了追求语言形式而放弃内容，反而给人一种假的感觉。怎么想怎么说出来就好了，把自己最真实的想法表达出来，与人达到良好的沟通效果，这才是语言交流的目的所在。

要想赢人气，说话就要接地气

言语亲切，不仅在语气上，更在言说的内容上。要懂得站在普通人的角度讲话，要讲些普通人比较感兴趣的话题。这样，就可以让两个人瞬间拉近心理距离，可以给人一种亲切感。

如今我们常听说“接地气”，所谓接地气，在语言表达方面，指的就是说话比较亲切，能让人有认同感和代入感，而不是说那种大而无当的话。不管是与陌生人还是与熟人交流，不管是两个人对话还是在公共场合的演讲，宏大叙事都是要不得的。那种大而无当的空洞言语，只能让听者觉得厌烦，一点也无法体现出言说者的“高大上”来。

言语亲切，不仅在语气上，更在言说的内容上。要懂得站在普通人的角度讲话，要讲些普通人比较感兴趣的话题。这样，就可以让两个人瞬间拉近心理距离，可以给人一种亲切感。

关于如何才能做到这点，马云的行为很值得我们学习。马云如今是一个商业精英，是著名的企业家，但他从不忘初心。在一次访谈中，他曾说：

我自己觉得我今天比十几年前的我能干了很多，我的团队也比当年的我们强大很多，没有感恩和敬畏，我是没有机会做到今天的，没有机会，再走一次一定死。别去成为他人，人的最高的境界是做自己。我想干吗就干吗，只是不去伤害别人。我没有失去过这个，我当班主任的时候最快乐的是我跟同学的感情，今天也一样，前一段时间他们刚好校庆回来看我，我也特别高兴。今天我跟我同事的感觉也一样，也像当年一样。我的很多同事我有批评他们，我也开除他们。我把他调岗，他可以恨我，就像我当班主任的时候，我可以罚他，他可以恨我，我知道十年以后，因为我为我的出发点不会后悔。

由这段话可以看出马云的心路历程，他一直将自己放得很低。虽然有狂言傲语，但从来没觉得自己凌驾于别人之上。正因为马云觉得自己的成功跟机遇有很大的关系，所以他才能保持初心。这份初心，让马云说起话来一直比较接地气，给人一种非常亲切的感觉。这便是马云亲和力的来源了。

荆林波（信息服务与电子商务研究室主任）：马总过去十多年，我们一直在关注你。我隐隐约约有一种担心，就是社会上乃至你们集团内部慢慢在膨胀着一种对你的过度崇拜，刚才大家听到这个现场“一代宗师”这种大的帽子扣下来，我们真的担心，幸好你还清醒。

马云：我觉得我就是我，这十多年来我经历了人生可能常人没有这种福气去经历的各种各样的痛苦、烦恼、快乐，我知道我就是一个普普通通家庭的孩子，只要证明马云成功，中国80%的年轻人都能成功，这是我当初创业的一个原因。今天也一样，别人看我，其实我知道他们看的不是我，是他们想象中的马云。我不敢说我清醒，但我知道我自己是谁。我知道我做了什么，我没做什么，我点燃了我的同事的心里面的几盏灯，而且是巧合中点燃，这些同事共同点燃了700万家卖家的灯。我自己觉得，别人点也会亮，我只是运气比较好。今天我在想的问题是，我觉得中国经济在继续成长，未来三年到五年，我希望它能够放慢，我们今天的脚步速度超越了我们的灵魂，我们走得越快，我们付出的代价就越多，你不知道自己是谁，不知道昨天的经历，未来走多远只会是越来越大的灾难。我们这个时代是缺乏信仰的时代，信就是感恩，仰就是敬畏。

“知道自己是谁”是一句很简单的话，但真正能做到这点的却不多。很多人成就没见多大，但架子却长了不少，总是一副高高在上的样子，说出来的话也多半空洞无味，一味寻求宏大。这样的人，即使说得再多，也不会得到别人的认可，反而会让人觉得讨厌。

不管我们面对的是谁，最好要放下身段来，真实、亲切与人交谈才好，也只有这样的交谈才有意义。真正决定一个人地位的是别人对他的评价，而不是他自己吹嘘出来的东西。一味夸赞自己，不仅不能得到别人良好的评价，反而会让自己在别人那里丢掉形象。

因此，与人交谈要接地气，切不可把自己弄成一副不食人间烟火的样子。

简单朴实的语言最能打动人心

马云事业有成，野心勃勃，他有一流的智慧和口才，但仔细观察马云的说话方式就能发现，他之所以能够用自己的话语感染别人，不在于用语多么高调，不在于时刻推销自己，而在于用最普通、最真挚的语言在跟别人沟通。

很多人都追求高调，希望能够得到别人的青睐和认同，甚至是希望得到别人的崇拜。不过，在实际中，却往往走错了方向，他们觉得，想要让别人认同或者崇拜，就要有高调的言辞。于是，不管什么场合都夸夸其谈，不管走到哪里，都吹嘘自己。这些人不知道，这么做不仅无法让自己得到别人的认同，反而会让别人讨厌他。真正的讲话高手，从来都是用最普通、最简单的话来讲述最深刻、最容易让人接受的道理。只有这样才能打动人心。

马云事业有成，野心勃勃，他有一流的智慧和口才，但仔细观察马云的说话方式就能发现，他之所以能够用自己的话语感染别人，不在于用语多么高调，不在于时刻推销自己，而在于用最普通、最真挚的语言在跟别人沟通。

当讲到伟大的时候，马云说：

伟大和不伟大之间的区别是什么？一个伟大的人，当大家都要死的时候，他再往前挺一步，人家倒下去，他还站在那；当大部分人说我这么有钱了，转弯了，只有这个人说我还往前挺一步，往前挺一步的那个人就是伟大的人。

他没有用一大堆排比句来表述伟大，也没有说些空洞无味的话，只是做了一个简单的对比，但却给人一种力量感。这就是平实的力量。

伟大的言说者可能有非凡智慧和成就，听众可能是普通人。因此，要达到良好的沟通效果，最好用普通的语言打动普通听众，讲一些普通人最感兴趣的话题和一些浅显易懂的道理。

下面是马云一次演讲中的一部分：

抱怨一点点都没用，在几年以前我们公司就提出一个口号，而且我说得非常强硬，你别抱怨，如果你抱怨就拿出行动来，拿出方案来。因为谁都会抱怨，所以我们不需要抱怨。而所有成功的女性和男性都一样，都要有平常心，都充满着感恩之情，我越来越感受到阿里有今天是我们的人有感恩，我自己觉得我是充满感恩，我昨天晚上也说了，我这一辈子是几世修来的福气才这么荣幸，和这么多人一起共事，很荣幸生在这个时代。

我坚信这一点，阿里巴巴的成功和马云没有关系，不是我的功劳，我没有写过一行代码，没有做成一个销售客户，所有都是同事做的，但是阿里巴巴做得不对一定是我的错，因为我在关键的时候没有坚持原则，我没有坚持理想，那么下面的人会放得更远，所以事实上成功可能跟我没关系，但是失败跟我是一定有关系的！中国电子商务做得不好跟阿里巴巴一定有关系，因为你已经拥有了70%的优秀的年轻人相信电子商务，但中国电子商务做得好跟阿里巴巴没有关系。所以平常之心，我们这辈子有机会面临这种灾难，有机会面临这种挑战，有机会碰到这样的竞争对手，有机会碰到这样那样可以抱怨的事已经是非常好了，因为可能你连机会都没有。

由上面这段话，可见马云是一个有着平常心的人。正是这种平民的心境，马云的话才能得到普通听众的认可，才能打动台下普通人的心。

在跟人沟通的时候，往往是轻松的聊天，更能让我们走进对方的心；如果夸夸其谈，反而给人一种空洞无味之感，让本来可以很有趣的谈话变成尴尬的不知所言的聚会。

即使是成功者，也要给人一种平民感

人与人的交谈，谈的是理念，更是心。再成功的人，如果与人交谈时一副高高在上的样子，那么没人会听你在说什么。只有摆正自己的位置，亲切与人交谈，自然会拉近彼此之间的心理距离。

马云是一个武侠迷，他特别喜欢金庸先生的小说，尤其推崇《笑傲江湖》，在一次回答观众提问时，他说道：

我在金庸小说里最喜欢的人物是风清扬，我的笔名曾经用过，我们公司内部很多人有化名，我的化名就是风清扬。风清扬我喜欢他有两个原因，第一，他是老师，培养了令狐冲；第二，他是无招胜有招，他基本上打穿了整个的剑法，我觉得特别好，无招本来就是招，最后一招无招那就是招。

我前天在飞机上还在看《射雕英雄传》，我觉得挺舒服的，累的时候看看这些东西心里特别愉快。我现在喜欢的是太极拳，我觉得中国的文化，最强大的文化在于太极阴阳变化，很多老外专门研究我的所谓打法，他们前几年研究我所有的商业的东西，说你早上讲的话晚上就会在我办公桌上，我说我自己也没搞清楚，你也别研究了。现在我慢慢觉得，其实我是从中国的太极哲学思想中，用企业来阐述这种哲学思想，所以我觉得挺快乐的。

从这段话中，可以看出马云的性格，他喜欢无招胜有招。所谓无招胜有招，便是朴实、随性的另一种表达。没有固定的套路，想到哪里便打到哪里，这还不够随性吗？

而由喜欢武侠到爱上太极拳，更是马云这种朴素和随性性格的证明。太极拳讲究阴阳调和，是一种以静制动的拳法。在别人攻过来的时候，能够保持平静，没有一颗强大而淡定的心，是肯定办不到的。而这样的人，自然随性。

随性的人不做作、不刻板，跟这样的人交往，会让人感到轻松，有一种由内而外的自在。

马云的这种性格，也带到了他的讲话当中。听马云演讲，就像跟一个随性的人聊天一样，会觉得亲切、柔和，没有半点的距离感。在一次访谈中，马云曾这样回答提问的观众：

我选择什么样的员工？我选择平凡的人。什么是平凡的人？就是没把自己当精英的人。我不喜欢那些精英，精英眼睛都长在这。我不喜欢那些把自己看得很聪明的人。有的人说我智商特高，一般说自己智商高的人情商都低。这个世界没有一个人可以做成事，边上很多人在帮你。

我要找的员工是平凡的人。什么是平凡的人？有平凡的梦想。什么是平凡的梦想？不是为改变全人类奋斗终生。平凡的梦想就是我买房、买车、我要娶老婆、我要生孩子，这是人最基本的梦想。这些梦想真实，为自己所干，我觉得这样的员工我喜欢，实在。

我们18个人，包括我在内，没有说我们特别出息特别能干，我们都是平凡的人。平凡的人在一起做一件不平凡的事。什么是伟大的事？伟大的事就是无数次平凡、重复、单调、枯燥地做同一件事情，就会做成伟大的事情。

我怎样培养他们？是互相的。他们培养了我，我跟他们一起共事我觉得毕生荣幸，能够跟他们共事是因为他们信任我。公司里最大的资源就是信任，你跟你的团队是不是互相信任？

我怎么留住他们？我从来没留过他们。阿里巴巴十年以来22000名员工，离开的也有10000名左右了，我一下子记不清楚，我从没留过任何人。

我最怕别人说，“马云你太厉害了”，“我加入是因为你”。这种人我最怕。远看还可以，近看一个钱都不值。书上说的马云都特好，真实的马云不是这样的。我讲话特残酷，特别直截了当。

从这一整段话便可看出，马云确实是一个随性的人。他在传达自己的理念时，娓娓道来，一点也不会给人以高高在上的感觉。他总是能用最平民化的语言表达出最深刻、最精辟的道理来。如果没有一个随性的个性，是不可能办到的。

人与人的交谈，谈的是理念，更是心。再成功的人，如果与人交谈时一副高高在上的样子，那么没人会听你在说什么。只有摆正自己的位置，亲切与人交谈，自然会拉近彼此之间的心理距离。

将自己做过的坦然说出来

马云是一个懂得做也懂得说的人。他很努力，也很勤奋，更是懂得表达自己的努力和勤奋，所以马云才有那么多的支持者。

有人光说不做，有人光做不说，这些都是不好的。要做，也要说。做要踏实地去做，否则要老老实实地说。

光说不做的人，会让人觉得华而不实，只知道用嘴去欺骗人。而光做不说的人，虽然让人觉得稳重、可靠，但多半时候难以让人看到他的真正价值。

只有老老实实地做，然后将自己做过的坦然说出来，才能让人觉得这个人既可靠又有才华，毕竟酒香也怕巷子深。如果将自己的才能憋在自己的肚子里，那么谁又能知道？谁又能欣赏我们呢？

马云就是一个既懂得做又懂得说的人。他很努力，也很勤奋，更是懂得表达自己的努力和勤奋，所以马云才有那么多的支持者。因为大家既看到了他的付出，也看到了他的才华。马云的本事，便是能用自己的语言将这些付出和才华很好地表现出来。下面是马云在阿里巴巴杭州大会上的一段讲话，从中可以看出马云的语言表达能力有多强！

其实这两年的互联网发展我觉得还是发展得非常令人惊奇，我最近在看一些情况，阿里巴巴六年以前专注在中国做电子商务，六年以前很少有人认为中国电子商务会起来，我们却没有放弃。尤其这两个月内互联网发展的巨大的变化，比如说eBay购买SKYBE，前年我们推出淘宝的时候，我们觉得自己跟eBay的竞争还是有难度的。

但是没有想到两年有了这么大的发展，第一是所有员工的努力，第二是中国所有互联网市场的成熟，第三是整个大势的起来，整个世界对中国的关注越来越多，使得我们两年做到了以往八年十年没有做到的事情。

高速的发展使得全世界关注现在的电子商务，我相信未来的互联网在整个中国三年五年内的角逐一定是电子商务的角逐，而我们今天看到的一切，eBay进入SKYBE、Google进入TALK、QQ进入了拍拍网、QQ强大的交流工具、百度和Google在搜索引擎上的投入，我相信三年到五年内所有的人进入我们的领地就是电子商务。

阿里巴巴在电子商务里面，我们觉得自己有一些优势是先发优势，我们走了六年，六年我们坚持客户第一，坚持我们的团队，坚持我们的价值观、使命感，六年来我们没有建立强大的竞争壁垒。

无论阿里巴巴、淘宝、支付宝，我觉得在客户上我们做了很大的努力，但在技术上面还有待进入世界一流，因为未来三年五年我认为还有一个竞争是技术上的竞争。

上面是马云的一段讲话，在这段话中，他概括地将自己公司所做的事情简略地作了交代。让人们知道，阿里巴巴之所以成功，不仅在于它生在一个好的时代，不仅在于它遇到了更多的机会，还在于自身的努力和奋斗。这样一来，人们对阿里巴巴就有了一个全面的认识，也会通过这个认识，更加喜欢和尊重阿里巴巴。

这就是既说又做的作用了。因此，在跟人聊天的时候，不仅要聊理想，还要聊聊自己的付出。尤其是跟领导或者同事聊天的时候，要多给人讲讲自己都干了什么，或者通过哪些努力才完成了自己的工作。这样领导和同事们才能知道我们为工作付出了多少，从而欣赏和认同我们。如果我们不去说，别人是不会主动关注我们，那么我们即使有付出也会变得默默无闻。

当然，还有另外一个问题，就是怎么说。就像跟领导和同事讲述自己的付出一样，不要说得太过明显，那样就给人一种邀功感了，讲话效果反而适得其反。

表达，从来都不是一件简单的事，表面看起来，就是跟谁说、说什么和怎么说三个关键步骤，可是想要真正将之做好，其实非常困难。这些都要靠我们去努力、去钻研，学会将自己做过的事坦然地说出来，获得别人的认同，从而给自己加分了。

CHAPTER 06

第六章

因为懂得说话技巧，所以能瞬间触动人心

人微言轻，人贵言重

如果想要让别人更加相信我们的话，就要努力提升自己，让自己有值得别人羡慕的地方。这样，我们的话就更有力量了。

人们判断一个人说话是否有分量，一个重要的参考因素就是他的身份，尤其是陌生人相见的时候。一个不认识的人，如果衣着体面，一副成功人士的样子，往往能够赢得更多信任；如果衣着破烂，一副不得志的样子，往往就无法赢得太多的信任。哪怕是两者讲同一个道理，人们也更倾向于接受那貌似成功者所说的，而对那看起来不得志的人的话不以为然。

人们有这样判断，并不全因为人们是势利的，大多情况下是基于环境的一种共识。因此，如果想要让别人更加相信我们的话，就要努力提升自己，让自己有别人羡慕的地方。这样，我们的话就更有力量了。

马云非常明白这点。在创业的时候，他会故意将一些自己的话说成是比尔·盖茨说的，因为这样能够引起更多人的注意，也能让更多人相信。马云也曾表示过类似的观点："人们觉得你说得好，更多的时候是他们认为你做得好。"

所以，想要获得更多的人信任，想要别人都喜欢听我们讲话，不仅要训练自己的口才，还要通过努力让自己有所成就。

在宁波会员见面大会上，马云跟台下的阿里巴巴客户说：

我训练干部管理团队，在问题发生之前就要处理掉；你做的任何决定是公司3～6个月之后发生的事情。如果没有人能取代你，你永远不会升职。只有下面人超过你，你才是一个合格的领导。你出去6个月还找不到合适的人，说明你招人有问题，说明你不会用人。领导是把人身上最好的东西发现出来，你要找这个人的优点，这个优点连这个人自己都不知道，这是你厉害之处。如果有一只老虎在后面追你，你的奔跑速度快得连自己都不可想象，说明每个人都有潜力，关键是领导找出这个潜力。我想到这一点，是因为在看美国 NBA打篮球时想，越打越好是因为板凳上坐了12个人，下面的人很想上去，都认为自己打也不差，场上面的人压力很大。同时，要用制度保证你的公司健康发展，不要用人。所以我们在培养干部队伍方面，我们成立了学习制度。

1999年阿里巴巴希望有8万会员，当时我们提出这个口号的时候，还只有3000会员，但是那一年我们做到8.9万会员。2000年阿里巴巴提出要做25万会员，我们做到了50万会员。2001年我们希望100万会员，但2001年互联网不景气，好像是不可能实现的。但在2001年12月27日，这个目标却实现了。我们当月实现了收支平衡，现在阿里巴巴的营业额都在增长，越做越好。

很多人认为，现在互联网讨论最多的是投资者和管理者有矛盾，我们不这么认为。只有管理者去欺骗投资者，投资者不太可能欺骗管理者。投资者给你钱的时候，你记住有一天你一定要还他，这是做人的品质。刚刚创业的时候，我们几乎不打出租车。有一次我们必须打车，一辆桑塔纳过来，所有人头都转过去了，一看夏利过来，马上把手招过去。因为桑塔纳比夏利贵一元多钱。我们今天所花的钱都是投资者的钱，如果有一天花自己的钱，可以大胆地花。所以这两年，我们虽然小气却感到骄傲。

这段话中，马云一直在强调，如何才能够做得更好；告诉别人自己曾做过很多事，有很多经验，是可信的。再加上他本身的事业支撑，自然就能够让更多人信任他。

我们应该注重表达，但我们也要清楚，表达更多的时候不过是一种形式，是通过语言将自己介绍给别人，从而希望获得别人的认同。而能让别人认同我们的，最终还是我们这个人本身。别人会通过我们的品质、成就等做一个综合的考量，然后觉得我们是否可信。因此，只有做到从内到外都散发着魅力，才能有更多人认同我们、喜欢我们、信任我们，并重视我们。

注意讲话角度，巧用“后援团”

一个聪明的人，会讲一些他和那些大家熟知的比较受人尊重的人在一起发生的事情。这样人们便会在潜意识中觉得这个人也一定是一个厉害角色。

有一种比较流行的说法，一个人如果整天跟着一群穷朋友在一起，那么他也多半富裕不起来；如果整天跟一些百万富翁在一起玩，则很快就能开展自己的事业。原因就在于环境，穷人在一起的时候总是喜欢抱怨，而不愿意去赚钱，因此他们才会没有钱。而富人在一起的时候更愿意谈生意，分享彼此的商业信息，寻求合作，因此跟富人在一起能够获得更多的信息和机会。另外，跟百万富翁在一起久了，一个人的气质也会有改变。当跟他们一起出现的时候，在不知情者的眼里，你一定也是一个百万富翁，从而更愿意相信你。

这个道理可能会让某些人不舒服，但确实有一定的合理性。

有的人本来是有实力的，但在陌生人面前却不知道宣传自己，不知道积极表现自己从而取得别人的信任。而一个聪明的人，会讲一些他和那些大家熟知的比较受人尊重的人在一起发生的事情。这样人们便会在潜意识中觉得这个人也一定是一个厉害角色。

在一次客户见面会中，马云有这样一番谈话：

上个星期六，星巴克的CEO来我们的公司参观，这家企业非常值得我们敬重。大家知道咖啡能够卖到像它这样，卖出三百五十亿美金市值，那任何一件事情都有可能做成。他卖咖啡卖的是很强的价值观和使命感。

我跟新天地的老板在聊天，聊马路对面的咖啡一杯卖三元钱人民币，到了星巴克，一杯咖啡三美金，里面坐的人更多。为什么？老板讲了一个故事，在此我想跟大家分享一下。

他到伦敦去，伦敦最热闹的街是牛津大街，寸土寸金之地。这种地方的店一定要卖昂贵的东西才能维持。他进去以后在最热闹的地方发现有一个小店，门面还不小，上面写着卖cheese（奶酪）。奶酪是很便宜的东西，相当于我们这里卖猪油的。他进去了，里面有一个老头，胡子拉碴的，很认真地在干活。他问那个老头："他是如何在地价这么高的地方维持生意的？"那个老头回答说："年轻人，这些店和楼都是我的。我们家都是卖cheese的，从我的爷爷的爷爷到我这都是卖cheese的，我的儿子现在就在伦敦街边上做cheese，他做我来卖。我们的兴趣和爱好就是做英国乃至欧洲最好的cheese。现在家里面有这么大产业，出租房子没有问题，但是我们还是要做cheese。"那个新天地的老板说，他从来不买cheese的，结果那天买了五十多美元cheese，一大包拎回去。做生意，做任何产品，只要你有兴趣，投入爱，肯定可以持续。

我们现在每个人都想做大项目、大事情、大产品，但是这个老头做的是个小事情。我上次也讲过，几年前我们到日本去，一个很小的店，写着"本店开业一百四十八周年”，我进去一看，大概只有十五平方米，一代代经营下来。它是做点心的，把点心都卖到皇宫里面去了。所以说这是我们学到的另外一个东西——激情。

什么叫激情？激情就是三十年做下来，还是在做，还是热情澎湃，这就叫激情。我们很多激情都只有三天、三个小时，过会就没有了。

我们准备和星巴克做一个战略合作，这个战略合作不是做生意，是做社会责任感。我们想建立一个平台，在社会公平和社会责任感上面做一个联络。

也许有人不愿承认马云的能力，也许有人觉得阿里巴巴很普通，但是人们都知道星巴克是有一定规模也有一定地位的大企业。马云用星巴克老板对他们的态度，成功地表现出了自己公司的受重视程度。这便是高超的讲话技巧。

想要得到别人的认可，尤其是想要得到陌生人的认可是很难的。双方初次见面，虽然有想要结识对方的意愿，但一般内心都要设一道防线。而打破这道防线的最好方式不是告诉对方我们有多优秀，那样会让人觉得我们是在吹嘘和夸耀自己。换个方式，让他们知道我们在跟多么优秀的人一起共事，以及那些优秀的人如何评价我们就可以了。

讲话注意角度，要学会动用自己的“后援团”，不要用一种别人会产生抵抗的方式跟人交谈，那样不仅不能拉近彼此内心的距离，反而可能会起到相反的作用。

说话也要打好“借”字牌

不管说什么，怎么说，目的都是为了更好地跟别人沟通，为的是拉近彼此的距离。如果出于这个目的，而说一个无关大雅的小谎言是没有问题的，借助于名人的影响力来达成我们的目的，就更没有问题了。

不同的人说同一句话效果可能大不一样。同样的一句话，如果是一个普通人说的，大家可能觉得这句话很一般，没有什么特别之处，如果是一个比较有名的人说的，便觉得很有道理。大家似乎都有点“看人下菜碟”的心理，这种心理固然不好，但这种现象确实存在。因此，当对方相信自己的时候，我们不妨巧打“借”字牌，借用名人来包装自己。

马云在一次对阿里巴巴员工的讲话中，便曾承认过，自己也做过类似的事情。

我想把公司最精髓的东西跟大家讲一下，阿里巴巴最精髓的东西是拥抱变化和永不放弃。

很多人创业想发财、想赚钱，我认为，我们可以通过互联网帮助很多人获得财富，互联网会改变人类生活的方方面面。

当时我说互联网将改变人类生活的方方面面，没有人理我，我就改成比尔·盖茨是这样说的。我们在1994年和1995年开始执着地走这条路，确定互联网要改变生活，我们要帮助中小企业、帮助创业者、帮助弱势群体实现自己的梦想。

在创业最初的时候，马云是不得人心的，他四处演讲，可人们并不看好他。甚至马云曾自嘲当时很多人都把他当成是骗子。不过马云自己内心清楚，他走的一定是一条正确的路。这时候，他采用了上面他说的做法，借比尔·盖茨的名声来达到自己的目的。本来并不怎么引起别人重视的一句话，当他说是比尔·盖茨说的之后，便立即有很多人同意了。人们也便开始重视互联网，重视马云了。

这就是说话的技巧了。我们一定要记住一个原则，不管说什么，怎么说，目的都是为了更好地跟别人沟通，为的是拉近彼此的距离。如果出于这个目的，而说一个无关大雅的小谎言是没有问题的，借助于名人的影响力来达成我们的目的，就更没有问题了。

当然，最没有问题的是直接引用名人们说过的话，尤其是大家所熟知的，那样说服力会更强。而且在跟人对话的时候，经常引用名言，不仅可以让自己的话更有说服力，也会给对方一个更好的印象，觉得我们是一个博学多才、见识广博的人。只要给对方的印象好了，那么沟通起来也就更容易了。

马云不仅经常引用名人名言，而且特别愿意讲一些有关名人的小故事，用来辅助论证自己的观点。这样做既形象又有说服力，是很好的谈话方式。

除非自己是一个名人，否则不要总是以“我”开头，要知道，我们自己的事例和话语在别人那里可能没有足够的说服力。多引用些名人名言，效果会更好。

拖泥带水式的表达要不得

马云讲话节奏感很强，不拖沓。想要做到这点，就要知道自己想要表达什么，对方想要听到什么，然后有针对性地说。多说那些对方想要听到的、对沟通有利的话，不说多余的话，尽量简短。这样，才能够有明快的节奏，也才能更吸引人。那种拖泥带水式的表达方式，是要不得的。

在很多人看来，能够夸夸其谈，有说不完话题的才是真正的口才好，其实不然，真正的说话高手不在于长篇大论，而在于能够用最少的语言表达出最深刻的道理。简洁，永远都是第一位的。

不过，光做到简洁还不行，事实上，我们还要让自己的讲话有明快的节奏。同样是讲述一件事情，有人讲话节奏鲜明，张弛有度；有的讲得沉闷无聊，略显拖沓，一定是前者更受人欢迎。

马云讲话节奏感很强，不拖沓。想要做到这点，就要知道自己想要表达什么，对方想要听到什么，然后有针对性地说。多说那些对方想要听到的、对沟通有利的话，不说多余的话，尽量简短。这样，才能够有明快的节奏，也才能更吸引人。那种拖泥带水式的表达方式，是要不得的。

我们先来看下面一则报道：

在说到为什么要坚持的时候，马云说：“我永远相信只要永不放弃，我们还是有机会的。不管你长得如何，不管是这样，还是那样，只要这世界上有梦想，只要不断努力，只要不断学习，就有可能取得成功。今天很残酷，明天更残酷，后天会美好，但绝大部分人是死在明天的晚上，所以每个人不要放弃今天。”

在概括很多人都只是有想法而没有行动的时候，马云说：“晚上想想千条路，明早起来走原路。”

马云还说过：“我既要扔鞭炮，又要扔炸弹。扔鞭炮是为了吸引别人的注意，迷惑敌人；扔炸弹才是我真正的目的。不过，我可不会告诉你我什么时候扔鞭炮，什么时候扔炸弹。游戏就是要虚虚实实，这样才开心。如果你在游戏中感到很痛苦，那说明你的玩法选错了。”

在解释CEO的概念时，马云则说：“看见10只兔子，你到底抓哪一只？有些人一会儿抓这只兔子，一会儿抓那只兔子，最后可能一只也抓不住。CEO的主要任务不是寻找机会而是对机会说NO。机会太多，只能抓一个。我只能抓一只兔子，抓多了，什么都会丢掉。”

这些话都简短有力，节奏明快。马云知道最能打动听者的话题是什么，因此在这类的话题上，不惜多说几句。而将那稍显次要的，则简单带过。这种鲜明的节奏是感染别人的最好方式。

办事拖拉的人是不得人心的，同样，讲话拖泥带水的人也是不得人心的。因此，在讲话的过程中，我们一定要掌握好节奏，该啰唆的时候啰唆，该简洁的时候简洁。将这种节奏感把握好，才能让自己的讲话能力更上一层楼。

用突出重点的结尾点醒听者

“晚上想千条路，早上起来走原路”，这是对生活细节提炼的一句话，说出了大多数人的心声，具有很强的震撼性。而马云这段话因为有了这一句变得更加有感染力，让大家记忆深刻。

小时候写作文，老师都会特意交代，要学会提纲挈领，其实讲话也一样。很多时候，一个道理要经过详细的解说才能将之说明白，不过，等过一段时间，听者可能会忘记了我们说什么了。如果想要让他们记住你的话，就要懂得提炼，尤其是在结尾的时候，做一个简短而又有感染力的总结，会让听者铭记于心。

这总结是对自己所讲道理的提炼，也是对所讲道理的一个升华。所谓画龙点睛即是如此。

不过很多人却不擅长这一点，或者说没有这种意识，因此他们总是杂七杂八说上一大堆，以为自己说明白了，听者也听明白并记住了，但那只是暂时的，用不了多久，对方就会忘个精光。

在这方面，马云绝对是高手，他有很强的提炼能力，经常会说一些让人难忘的脍炙人口的短句。或许这跟他曾经当老师的经历有关吧。

在一次讲话中，马云便将这种能力发挥得淋漓尽致。

我刚才在门口一听说要演讲，就有些激动，立即就想到了两个词，梦想与坚持。我想跟大家讲，作为一个创业者，首先要给自己一个梦想。在1995

年我偶然有一次机会到了美国，然后发现了互联网。

发现互联网以后，我不是一个技术人才，我对技术几乎是不懂，到目前为止，我对电脑的认识还是停留在收发邮件和浏览页面上，我今天早上还在说，到现在为止我还搞不清楚该怎么样在电脑上用U盘。但这并不重要，重要的是你的梦想到底是什么？

1995年我发现互联网有一天它会改变人类，可以影响人类的方方面面，但是谁可以把它改变掉？它到底该怎么样影响人类？这些问题我在1995年没有想清楚，但是隐隐约约感觉到这是将来我想干的。回来以后，我请了24个朋友到我家里，大家坐在一起，我说我准备从大学里辞职，要做一个互联网，叫Internet。因为自己不懂技术，所以我花了将近两个小时来说服24个人，这是一个很有意思的事情。

什么是互联网？两个小时以内，我肯定没讲清楚，他们肯定也听得糊里糊涂。两个小时以后，大家投票表决，23个人反对，1个人支持，大家觉得这个东西肯定不靠谱，或许根本不存在这么一个网络，你电脑也不懂，别去做那个。

但是我经过一个晚上的考虑，第二天早上决定我还是辞职去实现我自己的梦想。我看见很多游学的年轻人是晚上想千条路，早上起来走原路。如果你不去采取行动，不给自己的梦想一个实践的机会，你永远没有机会。所以我稀里糊涂走上了创业之路。

整段话其实都在讲述一个道理，就是想要做什么就要马上去做，不要拖拉，拖拉的结果除了遗憾和后悔没有其他。关于这类观点的讲话很多，不过大都被人们所遗忘了。但马云在后面有一个简短的提炼，就让人记住了。

“晚上想千条路，早上起来走原路”这是对生活细节提炼的一句话，说出了大多数人的心声，具有很强的震撼性。而马云这段话因为有了这一句而变得更加有感染力，让大家记忆深刻。

这就是提炼的效果。不仅要讲述道理，更是要懂得用一句简短而有力的话来总结道理。只有做到了这些，才能让自己的话真正打动别人。如果只是一味地说，那是不管用的。没有人愿意记忆一大段话，但很多人却愿意记住一些简短有力的箴言短句。

因此，如果想让自己拥有好的口才，想要变成一个会说话的人，就要练习自己的提炼能力，短小精悍的语句结尾，这样会更加打动别人。

有激情的语言，可以感染更多人

马云是一个有持续激情的人，他无时无刻不在表达激情，也在传递激情。

人分很多种，有的是开朗的，有的是沉闷的，其实，两者没有太多差别，不过是个人的处事方式不同罢了。各有优缺点，谈不上哪个一定比哪个强。可是，如果想要让自己的口才变得更好，那么就需要努力去做一个开朗、有激情的人，这样才能获得更多的机会。

当然，这种激情是持久的。如果只是三分钟热血，那么多半是无法成事的。

马云是一个有持续激情的人，他无时无刻不在表达激情，也在传递激情。在一次内部员工的讲话中，马云说：

我特别不希望阿里巴巴老的员工、老的干部熬了五年八年，一会儿就没了激情。这些钱现在来看不少，未来看却不算什么。我们公司还在布局之中，我们还要做一百零二年。我们电子商务才做了二十年，如果我们做二十年的话，光靠B2B不行，我们加上淘宝、支付宝，整个大局合起来，整个产业链打通，才有可能走二十年、三十年。三十年以后可能是一个新的行业，我们有可能进入生物科技，有可能进入月球探索，那个时候我肯定不是CEO，也不知道下一个CEO会带到哪里去。但是文化里面，企业价值观不变。三十年以后，我想三十年以后我们这些人死掉的可能性不太大，估计能活个三四十年，三四十年以后的CEO还是要听我们的，坚持我们的文化、价值观。我们等于是长老院里面的人，我们还是要决定我们认为对的事情。

马云觉得只有保持激情才能够做成更多的事情。如果是三分钟热血，那么最后的结果多半是半途而废。

激情可以让自己更加有活力，也可以激起别人的斗志。如果一个人的激情不够持久，那么这活力必然也不会持久，而给别人的印象一定也会大打折扣。

想要获得激情的办法，是给自己设定一个目标，一个足够坚定也足够有诱惑力的目标。只有这样我们才能逼着自己去做，才能满怀激情去完成。

自身有了激情之后，便要去表达激情。跟人说话的时候，不要一副萎靡困顿的样子，要有精神。不管说话还是做事，要有力量。

像马云那样，讲话语气坚定、表情坚决，用语豪气的，才是有激情。那些歇斯底里，不管说什么都大声喊，好像生怕别人不知道他在表达情绪的，不能叫作激情。他们只能让人讨厌，不会让人信服。

CHAPTER 第七章 07

建立起属于自己的个性言谈

建立起自己独特的语言表达方式

个性的语言，不仅可以让我们引起更多人的关注，还能培养属于自己的独特的行事风格，让我们脱颖而出。

想要让人记住，就要有跟别人不一样的地方，也就是我们常说的要有个性。马云是一个个性十足的人，他的个性不仅表现在其做事风格上，更是表现在他的语言表达上。

马云说话简练、有力、感染力强，有着鲜明的个人风格。像“今天很残酷，明天更残酷，后天很美好，但大多数人死在明天的晚上。”这种带有强烈的马氏风格的话，便是马云的标签。

我们先来看一看，马云是怎么样表现他的语言个性的。以下是马云做客财富人生的时候，与主持人的一段对话。

叶蓉：说起来我觉得很风趣的，前段时间我是在跟前程无忧的CEO甄荣辉在聊天，他就说起来其实前两年做互联网日子很不好过，但是突然地好像互联网的春天就来了，比如像网易，新浪都宣布赢利，我想打听一下现在阿里巴巴目前的经营状况如何？

马云：我并没有觉得有互联网的春天来了，其实我天天准备着过冬天，我希望冬天越长越好。

叶蓉：怎么会这么讲？

马云：我是个乐观主义者，我觉得有冬天就一定有春天，有春天也一定有冬天，不会一年四季如春天，否则你会过腻的，对不对？我觉得在冬天的时候不一定人人都会死，在春天的时候也不一定人人都会开花结果，所以我觉得任何一个产业都有这样的过程。今天大家都好了，我反而更加警惕，好了不等于我会好，在以前冬天的时候大家都不好，不等于我们不好，其实阿里巴巴现在经营一直不错，应该来讲今年的利润会在一个亿以上，所以整个公司已经开始慢慢地进入一个比较好的状况。

这就是马云的风格。哪怕不知道他做过什么的人，只要听到这样一段话，立即就会对他产生兴趣，想要了解一下这到底是个什么样的人？他到底做过什么？马云的这种带有强烈的自我风格的说话方式，为他的人生和事业加分不少。

我们想要成为讲话高手，不一定要学习马云的风格，但一定要有自己的风格。我们跟别人沟通，希望得到对方的认可。而有自己独特风格的语言方式有利于帮助我们达到这个目的。

马云一直在强调他是一个平常人，但就是这个觉得自己很平常的人，却做出了不平常的事情，就在于他有强烈的个性，有属于自己的独特的标签。这未必是马云成功的关键，但确实为马云的成功加了很多分。

个性的语言，不仅可以让我们引起更多人的关注，还能培养属于自己的独特的行事风格，让我们脱颖而出。

说话要保留自己的个性

如果想要学马云讲话，就要学他的“意”而不是学“形”，也就是研究马云的讲话技巧，而不是模仿马云的口吻去说。我们不是马云，用马云的口吻说话也不可能获得他自己说那样的效果，反而容易让人觉得我们在趋炎附势、附庸风雅。

每个人在这世上都是独一无二的，我所以是我，在于我跟别人不同。正是那些个不同，让我们和其他人之间有了区分，这就是我们的特征，也是我们的个性。

不管是做事还是说话，我们都要保持这种个性。这是我们的标签，我们的名片，也是我们的竞争力。让自己的讲话水平提高的最好方式，就是保留自己的优势，然后借鉴别人的优势来填补自己的弱势，而不是照搬别人所有的东西，要有分辨和保留。分辨对方那些好的，保留自己的基本优势。这样我们才能真正得到收获。那种毫不保留的学习，不管什么时候都是要不得的。

在这方面，马云有很深的见解，他从来都是做自己，而不去模仿别人。因为他觉得那样自己就不是自己了，而且也不可能成功。下面一则报道，很能说明这个问题。

几年来，模仿阿里巴巴的企业大有人在，不少企业甚至直接拷贝阿里巴巴的产品，连“如有问题，请与阿里巴巴联系”，“发生诉讼，由杭州市中

级人民法院管辖”这样的服务条款都屡次出现在这些模仿者的产品服务条款中。

“几年来，全世界起码有上千家企业宣称自己和阿里巴巴提供同样的服务，不少企业甚至扬言将要取代阿里巴巴！”马云告诉记者这个数字之前5分钟，他的手下刚刚汇报一个消息——又有一家国内同行近日也推出了一个买卖平台，并计划在几天后在阿里巴巴门口（杭州）召开盛大的发布会，以示“挑战阿里巴巴”。

“像我者死，学我者生。”马云用齐白石的这句名言告诫后来者。马云解释，交易平台最关键的就是人气、订单，阿里巴巴积累了数百万的用户，建立了全球范围的采购体系，后来者打出相同的牌子既不理智，也不现实，“就是马云自己出来，也没法再办出一家新的阿里巴巴来了！”“好好研究一下成功企业的经营理念，寻找市场还缺少什么，和现有的大企业形成互补，走出自己的一条路子。”马云认为，这才是一条“生路”。

走出自己的路，才是最好的路。马云的商业之路是这样的，他的表达之路也是这样的。马云说话极富个性，这也是他的竞争力。

因此，如果想要学马云讲话，就要学他的“意”而不是学“形”，也就是研究马云的讲话技巧，而不是模仿马云的口吻去说。我们不是马云，用马云的口吻说话也不可能获得他自己说那样的效果，反而容易让人觉得我们在趋炎附势、附庸风雅。

人要有个性，独特的个性体现在自己的讲话上，就形成属于自己的风格，然后再去多研究些讲话的技巧，自然就能打造好的口才了。

如果今天觉得这个人讲话水平高，便去模仿，明天又觉得另一个人口才棒，又去模仿，那么用不了三两回，我们就迷失了自己。一个迷失自我的人，必然是不会得到别人的欢迎的。

该狂的时候狂，该低调时要低调

讲话是要针对环境的，在什么样的条件下说什么话，如果不能够跟环境融合，那么自然就不会得到自己想要的效果。

有强人气质的人容易成为众人的焦点。不过很多人不清楚强人的气质到底是什么，以为只要足够狂妄就可以了。结果不仅没有成为众人的焦点，反而成为别人的笑谈。

马云是一个非常自信，也非常强悍的人。这不仅表现在他的做事风格上，还表现在他的说话风格上。马云说话狂，但却说得有道理，因此，征服了不少听众的心。这便是懂得什么是强人的气质，并懂得如何用语言表现出强人的气质了。

马云在做客《对话》栏目时，曾跟观众和客座嘉宾做了较多的沟通，这里截取一小段，让我们来感受下马云的讲话风格。

吕本富：是不是有点一花独放不是春？阿里虽很好，但是整个电子商务领域业态不健康。阿里巴巴赚钱了，大家都亏了。马总怎么看？

马云：这个问题问得好，我并不觉得我是狮子，我也做不了狮子。七百万的卖家都是年轻的企业，这些年轻人对未来充满渴望和希望，为自己的梦想而奋斗，这股力量是对传统的冲击，这是具有狮子一样的雄心。就像十年前的我，我是绝对没想到有一天这个“火”会烧得那么厉害。

我自己觉得我们没有一花独放，我从1995年开始做，到1999年重新开始做阿里巴巴，1999年到现在快14年了，我们付的学费是无数的企业不可想象的，但坚持下来了。今天出来的大部分电子商务企业，起步才两三年时间，不可能形成百花盛开的局面。

有人说，全中国4800家电子商务企业，4799家企业都亏，只有淘宝赚。我也不知道4800家企业这个数字从哪里来的，不过绝对不止4800家企业。另外，在淘宝的电子商务企业活得非常好。今天我们电子商务绝大部分活得不好的企业，说实话他们诞生的那一刻我就知道他们已经输了，他们是传统想象中的电子商务。他们认为这就是电子商务，这些企业本身就该死。阿里是一个平台，模仿我们是很累的，有的人在平台和电子商务之间，不断地摇摆，这种状态肯定会死。阿里巴巴不是一家电子商务企业，我们是帮别人做电子商务，我们是帮无数想创业的去创业，帮企业做生意，这是阿里巴巴与他们之间的区别。

通过这段话，我们可以看出，马云给自己的定位很简单，自己不是这世界的狮子，但却是行业内的狮子。阿里巴巴或许无法成为世界上最伟大的企业，但绝对是电子商务中的佼佼者。这样的表述方式，即表现了自己的霸气，又不会惹人反感。表现霸气在于相信自己绝对是行业的王者。不会惹人反感在于，充分肯定了其他人的成就，没有说自己无所不能。这就是马云的强人气质，该狂的时候狂，该低调的时候还是要低调的。

这就是马云的讲话之道，有张扬也有内敛，该张扬的时候张扬，该内敛的时候内敛。不像有的人，不懂得环境和角色的转变，不管在什么场合，不管谈论什么问题，一味张扬；或者不管在什么场合，不管谈论什么问题，一味内敛。

讲话是要针对环境的，在什么样的条件下说什么话，如果不能够跟环境融合，那么自然就不会得到自己想要的效果。

不要牺牲自己而特意取悦别人

讲话要有原则是重要的，是不可抛弃的。如果我们抛弃了原则，那么有一天别人也会抛弃我们。到时候，再能说会道也没用，只能是孤家寡人一个，再也没有了朋友和伙伴。

很多人觉得会讲话就是让听者舒服，因此得出这样的结论，只要是让人听着舒服的话，便是可以说的，即使那话是假的或者违背自己原则的也无所谓。其实，这是不对的。会讲话的标准不仅是让听者舒服，还要让说者舒心。如果我们取悦了别人，但是违背了内心，从而让自己陷入矛盾和苦恼中，这样的话不讲也罢。

在这方面，马云曾说过，“讲真话很重要，还有就是要坚持原则。”马云确实是一个讲真话的人，也是一个坚持原则的人。他也因此得罪了一些人，但他还是按照自己的方式办自己的事、说自己的话。这不是固执，而是懂得坚持原则。

一个人如果连原则都能够放弃，那么还有什么是他在乎的东西呢？一个什么都不在乎的人，必然是大家都不敢相信的人。

生活中，要给别人带来快乐，同时也要让自己保持快乐。所以不要牺牲自己而去特意取悦别人，该坚持原则的时候就要拼命坚持原则。

在一次商务会谈上，马云曾经说：“我认为应当锁定自己的客户，我们的客户是中小企业、创业者，这是我的定位。我锁定的中小企业，如果大企业来，我原则上不做这个生意，因为没有办法做。中小企业刚用阿里巴巴网站的时候，资产是三五百万，可能后来变成了几千万或者上亿元，但是我会说，你变成了上亿元后就要去找别人了，我只做中小企业和电子商务。因为我们在想清楚客户是谁的情况下，就要锁定市场，去做该做的事情，在利益和诱惑的面前要学会说NO。”

这就是马云的原则了。他阐释了自己对客户的理解和定位，分析十分到位，语气坚定。这不是在得罪人，而是在为自己、为员工以及为现在的用户们负责。在这些面前，那些大企业能够给他带来的利益，是不值得一提的。人就是要分清哪些是真正重要的，哪些是我们所不能割舍的。在这些面前，不能有半点的犹豫，就是要坚持原则。如果不能坚持原则，那么迟早会因为这也想要、那也想要而最终什么都没有得到。

有人将处世圆滑视为成熟，这是不对的。真正的成熟是圆融而不圆滑。所谓圆融便是在原则允许的范围内，将事情做到最好。而圆滑则是只要能将事情办成，是否坚持原则则不重要。前者是一个智者在展现自己的魅力，后者则是一个钻营者在追寻利益。两者的境界高下，一目了然。

我们一定要认识到，讲话要有原则是重要的，是不可抛弃的。如果我们抛弃了原则，那么有一天别人也会抛弃我们。到时候，再能说会道也没用，只能是孤家寡人一个，再也没有了朋友和伙伴。

另外，当面临违背我们原则的人和事情的时候，也一定要大声说出自己的原则来，不要遮遮掩掩，也不要不好意思。

说话坚持原则并不简单，尤其是在经受诱惑的时候，很多人是非常容易放弃自己的原则的。只有坚持自己梦想的人，是不会轻易说没有原则的话。

CHAPTER 08

第八章

有一说一，放低姿态赢得信任与尊重

跟人说话颐指气使要不得

自大的人，满眼都是自己的优点，丝毫不觉得自己有什么不足，因此丧失了改正的机会，失去了进步的可能。太过自负的人，往往瞧不起别人，跟人说话的时候常常颐指气使，让人恼火。这样的人少有朋友。

古话说："满招损，谦受益"，这句话很多人都听过，也都明白其中的含义。可是真正能够做到的却不多。更多时候，我们只不过将之当成是给别人说教的一个语录式的口头禅，等到自己要面对类似情况的时候，早就忘了这句话所说的道理了。

做人就要懂得谦虚。一个谦虚的人，说话也会谦虚谨慎，彬彬有礼，这样就不会给别人太多压力，同时也不会惹人反感，更容易与人交流。

而一个自大的人则恰恰相反，满眼都是自己的优点，丝毫不觉得自己有什么不足。因此丧失了改正的机会，失去了进步的可能。太过自负的人，往往瞧不起别人，跟人说话的时候常常颐指气使，让人恼火。这样的人少有朋友。

我们先来看看马云是怎么做的。

提问：马总你好，我在你的左手边，我来自于"站长之家"，我想代表站长讲几句。首先，阿里巴巴和淘宝客给我们站分了这么多钱，要感谢马总，感谢阿里。我想问两个问题：马总对于我们地方网站的站长最初感觉是什么样的？您对我们这些生活在互联网生态圈最底层的站长有哪些建议？谢谢马总。

马云：你感谢我，我感到受宠若惊。在做阿里巴巴和淘宝客的时候，我跟阿里巴巴和淘宝客的人说，感谢这些站长们，刚刚竞争的时候，没有小网站和站长们的支持阿里巴巴就活不下来，今天淘宝大了应该做一些思考。所有的活不是我干的，是淘宝客和阿里巴巴所有的工程师做的。而且今天阿里巴巴的发展也超越了我的能力范围所在，很多人在网上表扬我，马云你怎么那么厉害，我真的不厉害，我真的不懂互联网。我前不久开支付宝会议的时候，我两天之内都听不懂他们在说什么，我心里很慌，两年之前我知道会这么复杂的话，我可能就不会做支付宝了。无知者无畏，技术如此的复杂，我做什么工作呢？坐在那里认真地观察，认真地听，看有没有违背我们的使命和价值观，有没有违背我们答应的事情，就是做这个事情。我跟新华社的李社长说，我和我的团队是没有原因和理由获得成功的，在中国，我们成功了，要感恩这个时代，感恩互联网，感恩所有人的支持，希望我们做更多的事情来回报，我们自己是这么去想，才能这么去做事情。分钱给大家，是大家的劳动所得，跟我是肯定没有关系的。你把自己说是最底层的互联网生态圈，你认为是最底层的你就是最底层，你认为是最高层一定是最高层。我觉得站长们是互联网最高层，因为你们给我们看到了希望。是我们所有的在座的人的创新、创意，才让互联网出现新的公司超越腾讯，超越淘宝，超越阿里巴巴，还有机会跟谷歌拼一下，还可以诞生中国超越Facebook的企业。十年之前谁看好马云、谁看好阿里巴巴、谁看好淘宝、是我们自己看好我们，我们才起来的。

不居功，不自傲，毫不吝啬说别人的好，感恩自己的合作伙伴。这就是马云表现出来的讲话素养。也正是因为这点，才有那么多人愿意跟马云做生意。

在与人交流时，我们一定时刻记住谦虚待人，因为没有人愿意跟说话颐指气使的人交谈。

放低姿态，拉近距离

很多事情，还原它的本来面貌就好了，没必要做过多的解读，尤其是发生在自己身上的事，如果过度解读就给人一种吹嘘自己的感觉，那样反而不美。

每个人都喜欢在别人面前展示自己，希望自己是众人的焦点。而有的人会由于这种想法太过强烈，便会去刻意突出自己，讲话的时候喜欢夸大，尤其是讲到自己曾经做过的比较得意的事情时，更是会隐去不利于自己的一些信息。

其实这种心理也能理解，谁不想让大家关注自己呢？可是这种做法确实不可取，因为它让我们变得虚假。很多时候，面对自己不知道的事情，坦然说出不知道就好。面对自己曾经做过的事情，尤其是引以为傲的事情，也不要掩盖瑕疵，做到真实、可信，才能引起别人的共鸣。

马云就是一个很真实的人。他有让人羡慕的成就，也有强大的人格魅力，因此很多人都喜欢他甚至是崇拜他，在不知不觉间神话了马云。一般人面对这种情况的时候，会因为虚荣心在作怪，因此默认。但马云却很少这样，都是实话实说。

关于马云最神奇的传说，便是他靠六分钟的讲话征服投资人的故事了。那个故事有很多种版本，基本上都极度夸大了马云的能力，而马云自己却不这么认为。

马云：我的合作者还挺不错的，像孙正义，我觉得他是一个我非常敬佩的人，我们第一次谈判六分钟就解决了两千万美金的投资。

主持人：六分钟两千万美金！

马云：前几天我们更神奇了，因为有时候人与人之间这种化学反应，很多人认为我们两个是疯子。

主持人：你有没有问过他为什么跟你接触六分钟就敢投两千万美金？

马云：问过，后来我说不要那么多。

主持人：这是为什么？

马云：我也不知道，以后要问问他了，反正我们两个人挺逗的，上个月我在东京也是跟他一起，他说我相信你，我说我也相信你。他说，在我最倒霉的时候没来责怪我。我说因为你有太多事情要责怪，所以来不及责怪我。

主持人：换而言之你身上哪一点被他给相中？

马云：有一点，我们两个都想做真正的有意义的大事情。很多人可能讲我想赚钱，而我觉得我想做的是一个庞大的计划，要做世界十大网站，他觉得我这个人的心特大。

马云没有神话自己，他认为不是自己有什么魔力能够让投资人顺利掏钱，而是因为缘分，还有两人互相欣赏。这种放低姿态的做法，就是坦然，而这份坦然，便是别人应该学的。

很多事情，还原它的本来面貌就好了，没必要做过多的解读，尤其是发生在自己身上的事，如果过度解读就给人一种吹嘘自己的感觉，那样反而不美。

有什么就说什么，不知道就说不知道，表达真实的情感才能够打动别人、说服别人。

不要刻意去强调自己的厉害

以马云的事业、地位和影响力，是有资格说豪言壮语的，但他并没有那么做，而依然是有一说一，不去刻意强调自己的厉害。

真正会说话的人，从来都是谦虚评价自己，但高调展示自己的成绩，不会用豪言壮语去压倒对方。

有些人特别喜欢豪言壮语，不轻易夸赞别人的优点，而一个劲儿地强调自己厉害，他们认为讲这样的话说明自己有水平，但在旁观者眼里，这不过是在吹牛罢了，没有任何实际意义。

以马云的事业、地位和影响力，是有资格说豪言壮语的，但他并没有那么做，而依然是有一说一，不去刻意强调自己的厉害。

在跟观众沟通的时候，马云秉持的就是这一原则。

观众：现在的社会变化很大，您当时创业是一种情况现在是另外一种情况，如果您现在一无所有了，您还有豪言说自己想做创业教父吗？

马云：我不知道创业教父是什么东西？我没有想做过创业教父。我可以说我今天的能力比十年以前强多了，但按照今天的能力从十年以前再走一遍一定走不过来，很多天时地利人和过去了。我希望大家看到十年以前的我，十年以前和你们一样，甚至比你们还糟糕。我好几次想考对外经贸大学但是没考上。

这十年走下来我犯了很多错误，绝大部分人犯的错误我犯了，没犯过的我也犯了。我不想说自己多么能干，如果没有我的团队，没有这个时代，没有中国的改革开放，我将什么都没有。我父亲跟我说过你早生20年可能会给抓进去了。

是这个时代给了我机会，每个人都有自己的机会，今天比你十年以前要难多了，但是你如果去找一定有机会，所以我想假如回到十年以前，我还会走这条路，但会不会这样走是个疑问。这两天讲，我六年以前，决定做支付宝。前两天听支付宝的会议胆战心惊，完全听不懂他们讨论的问题，无论是技术、安全、设施、合作伙伴，尤其是技术等复杂的问题，我知道六年前如果知道那么复杂我敢干吗？无知者无畏，干了干到现在这么大只能搞下去了。

马云总是强调自己的成功得益于时代与运气，但人们听了他谦虚的讲话后，却反而觉得他真的很厉害。有这样的现象出现，跟马云的讲话方式是分不开的。

马云一直说自己是个普通人，但同时也一直在讲述自己这些年做了哪些事情，而那些事情都是普通人所无法完成的。马云的高明就在这里。

如果一味谦虚，说自己什么都不是，那么别人会看轻我们；如果一味夸赞自己，别人便会反感我们。只有将自己曾经做过的那些别人做不到的事情坦然说出来，不用自己评价自己，别人会主动心悦诚服。

自己做不到的事情，就说不知道

人越是在公共场合，就越是愿意将自己装扮得无所不能，这样做是为了让别人以为自己很出色，想在众人面前露脸。可是，现实往往越是这样的人越容易丢丑，反而是那些在不同场合都强调自己不是万能的人，更能获得别人的信任。

人都不是万能的，但都在向往万能。有些人知道自己不是万能的因此坦然承认，反而获得了别人的认同；有些人无法接受自己的无能，于是拼命装扮成一个万能者，反而成为别人嘲笑的对象。

有学者研究说，人越是在公共场合，就越是愿意将自己装扮得无所不能，这样做是为了让别人以为自己很出色，想在众人面前露脸。可是，现实往往越是这样的人越容易丢丑，反而是那些在不同场合都强调自己不是万能的人，更能获得别人的信任。

因此，如果想要得到更多人的认可，不妨谦虚些，真实地展现自己。马云是一个真实的人，自己做不到的事情，就说不知道。在一次访谈中，一位观众曾这样跟马云对话：

观众：谢谢。还有另外一个问题，和我们学校有关，我们是对外经济贸易大学，我们现在关注对外贸易的形式，认为中小企业正陷入困境，而阿里巴巴一直是以中小企业为主要的服务对象的，我们想问马云先生，您认为您能够为现在中小企业摆脱困境做一些什么努力或者制定一些什么样的策略吗?

马云：你这个问题问联合国秘书长他也做不到。其实阿里巴巴12000名员工都很努力，都在努力做产品，希望能帮助这些中小企业渡过金融危机。

就像昨天有人问我，马云你为我们中西部贫困地区能做点什么？这事又搞大了。我不知道该怎么回答，我们一直在努力，但是毕竟我不是政府，我提的建议是公益的心态商业的手法，或商业的技能公益的手法。今天很多人采取商业的心态公益的手法，全都乱掉了，但我还是相信会好起来。我们这代人不能改变中小企业的命运，但是90后一定可以。

80后、90后的年轻人，你们会为我们这代人做出非常骄傲的成绩来，你们为我们会找回中国的价值体系，真正促进中国的发展。我们这代人当然也很努力，但是你们会做得更好，我充分相信，一代永远胜过一代，我仅是尽我这代最大的努力，但是你们80后、90后这代人，你们有权力抱怨但是你们没有资格抱怨，今天我们这代人有资格抱怨没有权力抱怨，我们应该改变它。

以马云所经历过的事情，以及他在电子商务中的地位，面对观众提问时，即使他无法回答，但也可以很轻松地遮掩过去。因为他的专业知识足以解决观众提出的问题。但是马云没有这么做，而是以一句玩笑式的“这个问题联合国秘书长他也做不到”来承认自己没办法。这便是一种真实，不知道就说不知道，办不到就说办不到，这样的态度才是最好的态度。

更能体现出马云讲话技巧的是接下来的表达，他一直在说自己的努力和付出。这种表达方式给人的感觉就是，这个人在面对一个几乎没有人能够凭一己之力就可以做到的事情时，他没有放弃，而是一直在坚持，并且，他已经取得了一定的成绩。给人这种印象之后，想不得到别人的认同都很难。

我们要学习的就是马云的这种讲话技巧。面对别人的提问时，自己做不到的就坦然说做不到，但接下来还要补充一下，就是自己在这方面做过哪些努力，取得了哪些成绩。

最坏的就是做不到的时候还拼命吹嘘，那样是在降低自己的格调。

不要用高调的姿态赢得别人口头上的承认

说话的时候不要空谈，也不要太过凸显自己；跟人聊天或回答问题时，不要以一种争辩的态度去说话，而要以一种攻心的说服态度去讲。这样，我们便能获得更多的认可了。

人都有两个形象，一个是我们自认为的，一个是别人看到的。很多人常将这两个形象弄混淆，觉得我们自认为的就是别人看到的，其实不然。

我们觉得侃侃而谈是潇洒的表现，别人很可能觉得我们华而不实，是一个空谈大过实际行动的人。虽然他们嘴上可能会夸奖我们，但实际心理对我们是不以为然的。我们要的应该是别人发自内心的认可，而不是嘴上的敷衍。要懂得攻心，而不是靠高调的姿态赢得别人口头上的承认。

想要做到这点，就要懂得承认自己的不足，表现在言谈举止上，就是要放低姿态，给人一种平易近人感；说话的时候不要空谈，也不要太过凸显自己；跟人聊天或回答问题时，不要以一种争辩的态度去说话，而要以一种攻心的说服态度去讲。这样，我们便能获得更多的认可了。

马云总是能够靠自己的言语让别人发自内心去认同他。我们先来看看马云在做客《对话》节目时，是如何回答观众的提问的。

吕本富： 今天跟马总交流那么长时间，感觉马总的气场有点改变，从那个企业的经营者向教父转变，太极练的也不错，也会玩大刀，刘强东还处于只会玩大刀的阶段，他就还没练过太极。

主持人： 这有点《武林外传》的感觉。

马云： 我挺喜欢看《教父》这部电影，但是教父没有好下场，但是有一点是真的。第一份工作会影响你后面一辈子的很多工作，我第一份工作是当老师，所以形成我讲话的风格和思想作风，要是在老外公司里，见了我这样的CEO早就觉得我太粗鲁，老是手指头点着讲，其实我没有这个意思，我只是觉得应该是这样。其实我有当老师的习惯，这些习惯我改不了，当然我也不想改，因为也到了这个年龄。我不想当教父，我只是一个创业者，为什么我去《赢在中国》？因为我想知道这批小孩在想什么坏主意，当年我也犯过错，因为我们都一样，只是我吃过苦了，告诉你，兄弟别往那去了。但是奇怪的是说了白说，还是会走去的，我也一样，多少前辈告诉我，马云，这样做要死的，我爸跟我讲了一大堆，我照样走一遍。几千年来人类的知识积累很多，但智慧并没有增加多少。

从马云的这段话中可以看出，马云是很清醒的，他知道自己在别人眼里是什么人，也了解自己真正是一个什么样的人。正因为如此，他才能说出那般的话来。

很多人也有马云式的认识，知道自己想要给别人的印象和别人真正感受到的印象是不一样的，但不愿承认，也不太敢承认。那样反而给自己带来很多麻烦，对自身的影响也不好。

每个人都有缺点，都有不足，但我们很难改掉自己的习惯，勇于承认就好，告诉对方，我为什么会这样。这种实话实说，只会给我们加分，而不会让我们的形象遭受损失。

人在谈起自己的时候，是最容易犯错的。原因如前面所说，我们自认为的跟别人感受到的往往不同。这时候，不妨学习下马云，从两个角度来看待自己。分析一下自己为什么会有某些习惯，同时换个角度思考，看看别人对我们的这种习惯会产生哪些看法。这样才能还原出一个真实的自己，然后将这个真实的自己展现在众人的面前。这才是给自己加分的行为。

如果一味沉溺于我们所认为的自己当中，处处、时时以这个为标榜，那么只能给人一种矛盾的形象。那是对我们不利的。

一个真正成熟的人，不仅是认识别人的，更是认识自己的。当然，更重要的是，表达出这个真正的自己，告诉别人我们真正是什么样的人，以低姿态赢得别人发自内心的认可。

坦然承认自己的失败经历，会让人显得更真实

坦然承认自己的失败经历，不仅让一个人显得更真实，也让人觉得他的话更加客观、可信。因为人们会觉得，这个人连自己的缺点都肯暴露给别人，那么他的立场就一定是偏向客观的，不会带有太多的主观色彩，从而更加相信他。

这世上的事情，从来都是说易行难。在讲大道理的时候，我们每个人都是光彩夺目的，都可以发表出很多看似很有道理的看法，可是真正落实到行动的时候，往往就未必能够做到。

而这时，麻烦就来了。如果一个人，整天指东指西，教训这个开导那

个，可是当他遇到问题的时候，表现得反而比那些他曾经指导过的人还要糟糕，那么就会引来非议。

面对这种情况，解决办法有两个。一是放低姿态，不要总是以一个先知的模样出现在别人面前，更不要觉得自己什么问题都懂，什么都能帮助别人解决。这样自然就没有那么多困境了。二是坦然承认自己的不足。人是不可能万能的，这世上也确实没有万能的人，因此承认自己在很多方面有不足，便会更显真实，也会让我们所说的话更有可信度。

在一般人看来，马云是一个管理高手，也是一个讲话高手。因此不存在马云给手下员工讲道理讲不通的时候。但是，马云却在一次回答别人的提问时自己爆出他也曾有过失败的开导别人的经历。这种坦然不仅不会让人小看马云，反而会为他赢得尊重。

马云在《马云与80后面对面》节目录制中，曾与观众有过这样的交流：

观众：您刚刚回答了两个问题，第一个是最看重的是时间，第二个是最爱的是您的爱人和孩子。特别是对我们80后90后来说，生活在北京这个城市，生活节奏都很快，我想问的一个问题是，您是如何平衡您的工作和家庭的？谢谢。

马云：我前年有一次非常失败的跟员工沟通的经历。我们很多员工问我这个问题，生活和家庭怎么平衡？我一本正经跟他们讲生活和工作是可以平衡的，后来发现越讲越不对劲，晚上我跟大家道歉，说我刚才说了假话，因为我也没平衡。我是真没平衡，后来我发现，真正的创业者是平衡不了的，也不应该去平衡。

你如果选择了创业这条路，选择了往前走，你就没办法想平衡，你只能把生活和工作融为一体。我告诉大家创业是很艰辛的，如果有人说我可以把工作和生活分得很开，我不相信他事业会做得很好。我坐在马桶上的时候在想工作，但是我家人理解我。每天忙于工作，和家人疏远是自然的，如果你选择了这条路，只能坚持走下去，要不然你离开。

李嘉诚现在还是每天早上忙死忙活的，盖茨也一样，他们不是在为自己忙。以前年轻的时候，我想我学外语最大的理想是早上在伦敦吃早饭，中午在巴黎吃午饭，晚上在海滩边上走走，现在发现最讨厌的就是这样的生活，越往上走越累。你得到的不是你想的，但你把你得到的好好欣赏，这是你的福分，你可以为自己带来快乐，也为别人带来快乐。想清楚了这是你的命，我想清楚了。

坦然承认自己的失败经历，不仅让一个人显得更真实，也让人觉得他的话更加客观、可信。因为人们会觉得，这个人连自己的缺点都肯暴露给别人，那么他的立场就一定是偏向客观的，不会带有太多的主观色彩，从而更加相信他。

这也是一种讲话的智慧。不要往高大全的方向打扮自己，那样反而显得我们很渺小。有什么就说什么，坦然承认自己失败过并不可耻，如果能够讲述出自己在那次失败中总结出的一些经验和教训，更会让人觉得我们诚信可靠。

CHAPTER 第九章 09

自信的人才会让话语铿锵有力

用自信的口吻跟人说话

将自己擅长的领域骄傲地讲出来

配以肢体语言，感染力更强

激情表达，煽情“俘获”人心

完成自我鼓励，然后再去说服

勇敢地说出你的观点

想说就大声说出来，不要怕说错

用自信的口吻跟人说话

马云一直是以激情和自信著称的，他的自信也带入了日常的表达当中。听马云讲话，会让人觉得很振奋，因为他的自信能够很好地传达到听众的内心，从而给人力量。

自信的人，讲话的时候更富激情，也更能引起别人的注意。而不自信者，则往往相反，即使给别人讲得再有道理，对方有时也会半信半疑。这种性格上的差异，直接影响着我们说的话在别人那里受到了多少的重视。

马云一直是以激情和自信著称的，他的自信也带入了日常的表达当中。听马云讲话，会让人觉得很振奋，因为他的自信能够很好地传达到听众的内心，从而给人力量。

在2010年中国地方与行业网站高峰论坛会上，马云说：

我不是第一次来参加站长大会了，十年八年以前我参加各种论坛，我坐在那里倾听别人，并不是为了获取什么去倾听，而是听别人讲成功和失败的时候，我反思回去做什么。学习别人成功的时候，一定要花一点时间学习别人是怎么失败的，有哪些错误。你相信你可以影响很多人，你才能影响很多人。最近流行的话，就是心有多大，舞台就有多大。其实这句话可以这么说：你的责任心有多大，你的舞台就有多大。你愿意为一个人承担责任，你就是自己，你愿意为十个人承担责任，你就是经理，你愿意为几百万人承担责任你就是市长，你愿意为十几亿人承担责任你就是胡总书记。成功一定是需要时间和付出大量代价的，付出了你就一定可以。我想我是尊重大家的，因为你们比我们强大太多了，中国的希望一定是在你们的身上，而我们这些人是在靠手势在维护，淘宝不要倒，阿里巴巴不要倒，而你说我们还在发展，刚刚成长之中。谢谢！

从这段讲话中我们可以感受到一种力量，能够给听者以信心。而这份力量的来源，自然就是马云的自信。

自信是可以感染别人的。跟一个自信的人对话，会让人感觉振奋，因为他的自信也让我们对自己增强了信心。因此，想要让自己的话有更多人听、有更多人信，就要培养一种积极自信的心态。然后将这份自信传递出去，用自信的口吻跟人说话，会让人觉得这个人很优秀，也很有实力。而不自信的的讲话口吻，则会让人产生信任危机。

自信说起来是一件极为简单的事，但做起来就没那么简单了。尤其是一个本来不自信的人，想要变得自信，是需要一个过程的。首先就是要看到自己的优点，而不是拿别人的优点跟自己的缺点比。前者会让我们觉得自己优秀，从而产生自信，后者会让我们觉得自己太过平庸从而滋生自我怀疑的情绪。

建立起个人的自信之后，就要学会用自信去感染别人。在跟别人讲话的时候，尤其是讲到自己擅长的领域时，口吻坚决些，语气坚定些，多说些有力量的话。这样都能提高我们的可信度。

将自己擅长的领域骄傲地讲出来

马云这番话说得自信满满，铿锵有力，给人一种极度自信的印象。他能这样，就是因为他能够读懂市场，能够正确判断市场的形势。这是马云擅长的领域，因此他讲起来，我们就会非常愿意听。

每个人都有自己的长处，也有自己的短处。也许我们并不优秀，但不要因此而气馁。重要的是，要懂得尽量展现自己的长处。我们或许无法像马云那样得到全世界的认可，但可以做到让自己身边的人认可。这也是一种成功。

而想要获得这样的成功，就需要建立一种专业领域内的自信，然后将自己的长处骄傲地讲出来。事实上，马云很多时候也是这么做的。

马云曾在一次演讲中这样讲道：

当年我们和中国电信一个三产企业发生了竞争，它那时候的注册资本是2.4亿元人民币，中国黄页的注册资本是5万元，相比之下，我们的竞争非常惨烈。但是大象要踩死蚂蚁也不是那么简单的，只要有好的策略，蚂蚁照样可以活下来。所以八个月后，我们谁也弄不死谁。

于是大家就坐下来谈，他们建议双方构成合资企业，他投140万元人民币。天哪，那时候我们总共的注册资金才5万元，我一听见140万元，心花怒放，好，脑袋一拍就干了，但是合资企业成立以后灾难就来了，董事会他们有5票，我们才2票，我的任何想法只要一提出来，他们有一个人举手，5个人就都举，五六次董事会下来，我们的建议竟然没有一样是通过的！

当时才意识到140万元是个陷阱。因为双方目的不同，我以为有了140万元资金就可以不受资金限制去大展手脚，他们想到的却是140万元就可以灭了我们！

这一次，我们吸取了教训，拿到了钱却丢掉了最宝贵的东西，因为你本来可以实施的东西都不能实施了，从那时起，我就有了一个坚定的信念：今后创办公司，永远不控股公司，一定要给下面充分理解和支持，不让他们觉得痛苦，我讨厌别人没道理地控制自己，我也不去控制别人。有人要控制你，你就得留一条后路或者尽早离开，那绝非好的合作对象。

领导凭借的是什么？一个好的CEO必须认识到，资金是为我们服务的，不失主宰，真正有关键作用的是CEO的胆识、气魄、智慧和眼光，用这些来管理公司，而不是靠股份控制。我自从吃过电信的亏以后，我把公司所有的股份都分给了员工。

马云这番话说得自信满满，铿锵有力，给人一种极度自信的感觉。他能这样，就是因为他能够读懂市场，能够正确判断市场的形势。这是马云擅长的领域，因此他讲起来，我们就会非常愿意听。

我们要学习的就是这点，将自己擅长的领域很骄傲地讲出来。当我们这么做的时候，我们本身传递的就是一种自信。这份自信，可以让我们获得更多的好评，别人也会通过我们的表达，觉得我们很优秀。

不要觉得自己不如别人，所谓尺有所短、寸有所长，每个人都有自己的优点，也都有自己擅长的领域，将这些大声地讲出来，许多人是愿意倾听的。一个人真正吸引人的时候，就是用自信的语言介绍自己擅长的领域的时候。哪怕对方听不懂，也会被这份自信和坚定所感染，从而觉得他是一个有魅力的人。

配以肢体语言，感染力更强

如果看过马云演讲的视频，你就会发现一点，马云很少用手持话筒，只要能够用耳麦，他就不会选择手持话筒。这么做的目的就是为了能够解放出自己的双手来，从而做更多的辅助动作来表达自己的情感。

不管是私下里的谈话还是在公开场合的演讲，不是用嘴说那么简单，还要配合上很多的动作、表情等加以辅助。如果将这些做好了，那么可以为我们的讲话加分，如果做不好，则会减分。

马云就是一个肢体语言极丰富的人，在讲话中，尤其是演讲的时候，他总是有一些标志性的动作。比如，马云常常会握紧拳头，同时讲话中将两腮收紧。这样就给人一种他很自信的感觉，从而让人们更加相信他的话。

马云是一个商人，因此不管是讲人生也好，讲事业也好，都或多或少地离不开宣传他的企业。因此，他总是希望别人能够相信他。他的这些肢体语言，对他达到这个效果是有很大的帮助的。

我们先来看一段马云在优米网《在路上》栏目中的一段讲话：

如果你为了挣钱，我告诉你，永远有比你想的更挣钱的东西。你选择是因为你喜欢，你喜欢就不要抱怨。不是每个80后、90后都会成功的，但有人会成功。

今天的中国经济高速发展，但是我们的价值体系、我们的文化体系受到了摧毁。我们需要重新找回价值体系，让年轻人明白，不要怪人家富，怪人家有钱，而是要如何改变自己、对社会有贡献，不断地去寻找快乐、寻找幸福感。创业不会给你带来幸福感，但会给你带来快感，但快感的背后是痛苦。真正的幸福感是你知道自己在做什么，你会逐渐从痛苦中找到那些快乐。

我坚定不移地相信，80后会为我们，为这个国家找回价值体系，而这才是中国真正腾飞的时代，永远是如此，一代胜过一代。

阿里巴巴、腾讯、百度、新浪、微博抓住了这个时代。谁会遇到下一个机遇呢？我告诉大家，解决问题的公司，才会成为一家伟大的公司。想想你能为未来、为社会解决了什么问题并为之奋斗，这样的人才会取得成功。

在这段演讲中，马云边讲边加入一些动作来辅助，让演讲效果很好。

如果看过马云演讲的视频，你就会发现一点，马云很少用手持话筒，只要能够用耳麦，他就不会选择手持话筒。这么做的目的就是为了能够解放出自己的双手来，从而做更多的辅助动作来表达自己的情感。

一个人站在那里一动不动地讲话，跟一个肢体语言丰富，适当地做些手势、表情的讲话，是有很大的区分的。前者让人感觉枯燥和乏味，而后者更能调动听众的积极性，感染力更强。

千万不要小看这些辅助手段，很多时候，它们也是能够起到大作用的。因此，想要提高自己的讲话能力，不仅要用口去说，更要懂得用恰当的肢体语言去配合。只有这样，我们的讲话更加有说服力和感染力。

激情表达，煽情“俘获”人心

马云没有刻意标榜自己，但是从中我们可以感受到他的激情，这份激情让他更从容、淡定和自信。

同样是讲话，同样是表述一个问题。有的人说出来，感染力就很强，有的人说出来，则让听者感觉平淡无奇，不能引起共鸣。很大一部分原因在于，演讲者采用了什么样的演讲方式。

那些讲话感染力强的，一般是比较自信，善于营造氛围的，也就是煽情能力强的。相反，则是煽情能力较弱或者没有这种能力的。

很多人都觉得，煽情会给人一种虚假感。这是不对的，那种故意煽情，用自己的情绪给别人挖陷阱的当然不好，但真实地表达自己当时的情绪，将跟自己有强烈情绪共鸣的道理，用一种激情的方式表达出来，不仅不是泛滥的煽情，反而是自信的一种表现，更加有利于我们“俘获”人心。

马云不仅自己激情满满，还无时无刻不在传递激情。他会将自己的激情传递给自己的员工、客户、朋友，甚至关注着他的每一个人。

下面是马云不同时期在公司内部对员工的几段讲话。

“大家都感到痛苦的时候，甚至都要死的时候，他再往前走一步，人家倒下去，他还站在那里，这个人是伟大的人。大部分人有钱了，就想往回撤了，只有这个人说我还往前走一步，往前走一步的那个人就是伟大的人。”

“我建议大家从明天开始，把我们的80年改为102年，成为中国最伟大、最独特的公司。如果能活102年，就是我们最大的成功。阿里最大的成功不是我们有了诚信通、中国供应商，而是创造了伟大的公司。102年我肯定看不到，到了那时，我137岁。我们可以把自己的孩子，孩子的孩子请到这里来，让他们今生无悔。”

“胸怀这个字眼里边就是使命感。因为有使命感，就有这种胸怀。让别人去说，自己知道自己在做什么，而且自己一定要把它做出来，比如我胸怀超大，希望改变人类。我希望影响别人，帮助别人。别人看他很傻很天真，但是他比谁都意志坚强。从这里可以看得到，胸怀就是他根本不在乎别人是怎么评价他的。”

“军人跟农民打猎，区别是什么？军人穿着军装打，打得很漂亮，很准。但如果野猪没打死，军人就往山上跑，农民则是把菜刀拔出来劈过去，这个就是区别！我们发现问题不是赶紧跑或者是等它打，而是把自家的刀拿出来，让自己来干，因为逃也没有用。”

马云没有刻意标榜自己，但是从中我们可以感受到他的激情，这份激情让他更从容、淡定和自信。

当然，光让自己有激情是不够的，还要将这份激情传递出去，通过话语让自己的激情点燃别人，从而让他们跟我们一起去奋斗。这样的人，才能获得成功。

完成自我鼓励，然后再去说服

世界很复杂，也很现实，在我们情绪低落的时候，很少能有人及时来到我们身边，并给予有效的劝解。这时候就要靠自己完成自我鼓励，然后带着激情重新上路，去说服更多的人。

一个有好口才的人，不仅要懂得如何对别人讲话，也要学会对自己讲话，给自己鼓励，为自己加油，帮自己打气。只有这样，才能保持激情和自信，有了激情和自信之后，才有去说服别人的情绪和动力。

所谓的对自己讲话，就是要懂得自我鼓励。很多人都没有这个意识，他们给别人讲道理的时候，说得很明白，可是一旦自己遭遇同样的境况，便不知所措了，从而一蹶不振，失去了往日的激情和活力。

世界很复杂，也很现实，在我们情绪低落的时候，很少能有人及时来到我们身边，并给予有效的劝解。这时候就要靠自己完成自我鼓励，然后带着激情重新上路，去说服更多的人。

我们看看马云是怎么给别人打气和给自己打气的。

1999年，我们提出要做80年，在互联网最不景气的2001年和2002年，我们在公司里面讲得最多的词就是“活着”。如果全部的互联网公司都死了，而我们还活着，我们就赢了。我们永远相信，只要永不放弃，我们还是有机会的。

最后，我们还是坚信一点，这世界上只要有梦想，只要不断努力，只要不断学习，就有成功的那一天。今天很残酷，明天更残酷，后天很美好，但绝大部分是死在明天晚上，所以每个人都不要放弃今天。

有一个梦想以后，你要经历每一天的痛苦，每一天的积累，没有谁一开始就会成功。这么多年来，我上过很多当，犯过无数错误，走过很多误区，经历过各种各样的事情，这是一个创业者最大的财富。

不要总想我能赚多少钱，如果这样想一定很痛苦，尤其是在网上创业的。今天这里有很多成功的网商，前面三年根本没有赚钱，天天在网站上贴帖子，泡论坛。这是一种快乐，一种积累。

每次打击，只要你扛过来了，就会变得更加坚强。我又想，通常期望越高，结果失望越大，所以我总是想明天肯定会倒霉，一定会有更倒霉的事情发生，那么明天真的有打击来了，我就不会害怕了。你除了重重地打击我，又能怎样？来吧，我都扛得住。抗打击能力强了，真正的信心也就有了。

100个人创业，其中95个人连怎么死的都不知道，没有听见声音就掉下悬崖，还有4个人是你听到一声惨叫，就掉下去了；剩下1个可能不知道为什么还活着，但也不知道明天还活不活得下来。

从这段讲话中我们可以看出，马云是一个从来都不会失去信念的人，他懂得自己给自己加油、鼓劲，始终 保持激情，并去感染别人，影响别人。

讲话传递的不仅是理念，更是一种情绪和态度。因此，如果想要让更多人愿意听我们讲话，喜欢听我们讲话，就要在给别人讲话的时候保持一种积极阳光的心态。而想要拥有这种心态，自我鼓励是必不可少的。多跟自己聊聊天，给自己一些力量，我们充满了正能量之后，才能去激励别人。

世上没有什么可怕的事情，主要看能不能坚持，只要坚持住了，总会有出头的那一天，怕的就是遇到一点困难就退缩不前。因此，我们要学会给自己一些鼓励，让自己有坚持的动力和奋斗下去的激情，这样才能传递出更多的激情。当我们给别人传递激情的时候，也就是别人被我们说服、开始认同我们的时候了。

勇敢地说出你的观点

很多人在一些事情上都有自己的独特的观点，也常常会表达这种观点。可是当有人提出一点怀疑之后，便开始犹豫了，想自己是否错了，于是开始改变自己的观点，不再说出自己真实的想法。这会让自己的讲话效果大打折扣。

很多人容易受别人影响，本来已经下了决定，但是别人提出一点不同的意见，或者从不同视角阐释了一下，他们就开始怀疑自己曾经的决定，从而开始动摇、犹豫，最后白白浪费了时间。

这样是极不好的，不管做什么事情，都要相信自己，要坚持自己的看法，不要总是动摇。要明白，我们并不比别人差，别人也不一定就比我们强。更重要的是，我们做决定的时候往往是经过深思熟虑的，是最了解情况的，而给我们提意见的人，未必就会了解。这时候盲目改变自己的做法，是弊大于利的。

不仅做事如此，讲话的时候也是一样的。很多人在一些事情上都有自己的独特的观点，也常常会表达这种观点。可是当有人提出一点怀疑之后，便开始犹豫了，想自己是否错了，于是开始改变自己的观点，不再说出自己真实的想法。这会让自己的讲话效果大打折扣。

在一次面对内部员工的讲话时，马云告诉大家：

三四年前，公司内部有一个重大的问题，有一个人带来一个想法，直销

这样下去会不会成为公司的负担？当年TCL靠直销，爱多DVD靠直销，全是靠直销打天下，结果这些公司全被直销搞瘫掉了，我们阿里巴巴是不是要搞直销，要发展多大？我们变成维持直销，不多做直销，迅速向新的模式转型。我们今天发现当时的讨论是一个错误，我们的直销跟TCL的直销是完全不一样的。我们更像是电子商务咨询师，中国需要十万这样的人。中国有多少企业？四千多万家企业。将来中国内贸电子商务市场，每个企业一个月起码花五万块钱，今天诚信通只卖两千八，他们一定需要大量的直销培训，可我们前几年投入不够。我今天要告诉大家，要调整过来，继续大力建设我们的铁军直销团队，培养优秀人才，但是不要变成直销人员，而是变成电子商务的咨询师，怎么在网上促销，怎么在网上卖关键字，怎么在网站上做网页，使得自己从纯销售变成电子商务咨询师。

卫哲也讲过，一位世界级的业务员，一年营业额应该是两百万美金。你要选择做销售这个职业，要成为世界最好的营业员，就要按照这样的模式，达到两百万美金成为世界最好的销售。我们还要大量投入直销建设。当然你说卖了一架飞机，那个不能算。我们现在的思路可能还需要调整一下，戴珊（阿里巴巴创始人之一）过来以后，大家一起创新模式。我们必须面对今天的形势……我理解你们，跟我一样，真的很累，但是我担心人的累变成心里的累、行为上的累，最后很多人看着你，这个老员工每天活不干，指手画脚地说话，开的车比我们好，占着位置还不肯走。这种情况出现的时候是公司的灾难。

人要自信，要对自己有一个清晰的判定，要懂得坚持自己的观点。如果我们今天表达的是一个观点，而明天又换成另一个观点，那么在别人的眼里，我们就是善变的人，从而不管我们说什么，都不再相信我们。那时候，即使有再高超的表达技巧，也无法重新让别人相信我们。

想说就大声说出来，不要怕说错

想要获得别人的认可，就要大胆地说出来。这世上没有完美的人，如果一个人各个方面都很完美，反而会让人觉得这个人不真实。因此，做错事或者说错话并没有什么，这是每个人都会出现的状况。

有些人谨小慎微，遇事畏畏缩缩，遇人唯唯诺诺。这样的人大都是爱面子的，或者有些自卑的，因此他们特别害怕在人前出丑或者犯错。而想要做到不在人前出丑或犯错，以为最好的方式就是不说话。然而，这样虽然不至于说错了，但同时也阻碍了跟别人的沟通，让别人无法真正了解自己。同时，自己也渐渐失去了想要表达的意识或者欲望。

想要获得别人的认可，就要大胆地说出来。这世上没有完美的人，如果一个人各个方面都很完美，反而会让人觉得这个人不真实。因此，做错事或者说错话并没有什么，这是每个人都会出现的状况。

关于这点，马云曾经表达过他的观点，我们先来看一看：

马云曾说："语言是用来交流的，不要怕说错，也不要怕丢脸！临阵磨枪总比不磨强！在任何关键时刻、任何压力下都不要放弃，因为放弃是人生最大的失败！要用欣赏的眼光看自己的弱点，看别人的优点。"

马云曾经告诫创业者："第一，你想干什么。不是你父母让你干什么，不是你同事让你干什么，也不是因为别人在干什么，而是你自己到底想要干

什么；第二，你需要干什么。想清楚想干什么的时候，你要想清楚，你该干什么，而不是你能干什么。”

可见，马云是鼓励大胆说话的，而马云本身，而确实是秉持着大胆说话的原则，他从不避讳什么，也从不掩饰什么，只要是想到的就大胆说出来。他的话当然也有不符合道理的，这是谁都不可避免的，但并不妨碍他与人的沟通。其实，我们也一样，觉得自己一说就会错，不过是由于内心不自信罢了。如果大胆去说，不怕说错，自己会慢慢自信起来，找到机遇。

或许，在锻炼口才的初期，我们犯错误的确会多一点，这不奇怪，也不可怕。只要大胆，敢说，总会有成长，成长之后，错误自然就越来越少了。

说了不一定对，但不说绝对不可能产生对。做人就要做一个自信、大胆的人，就要坚持去表达。我们表达得越多，那么我们获得正确的机会就越多。而且，口才本身就不是天生的，也不是一朝一夕就可以练成的，需要不断去犯错，然后改正，才能慢慢成长。

不要在自己的内心给自己设定太多的限制，而是要勇敢说出自己心中的想法。一个连自己心中想法都不敢说的人，必定是一个一事无成的人。

关于马云的成功，很多人给出过自己的分析，有的说他碰到了最好的机遇，有的说是靠他强大的管理能力，也有人说马云能够成功就在于他的坚持。其实，这些都对，但还不足以概括所有，马云所以能成功，还在于他的大胆，他善于表达，更是敢于表达。只有敢于说出自己所想所要的人，才能够引起更多人的注意。有人关注了，自然就拓展了自己的资源，资源广了，成功也就指日可待。

CHAPTER 10

第十章

把观点幽默地表达出来

营造良好氛围，幽默是利器

一个幽默的人，不需要长篇大论，只要偶尔插上一两句有幽默效果的话，便可以成为焦点。

人都想做被别人喜欢的而不想被别人讨厌的那一位，可是很多人都是只有这样的想法，却没有相应的能力和手段。其实，很多时候，想要让别人认同你很简单，让自己变得幽默就可以了。尤其是在跟人第一次见面的时候，适时地幽默一下，可以让氛围变得轻松，瞬间拉近人与人之间的距离。

在幽默方面，马云是高手。众所周知，马云的演讲不仅有激情，而且很富幽默性。其实，马云不仅在演讲时是如此，平时也是非常幽默的。他可以依靠自己的语言魅力，让人瞬间发笑，拉近彼此的距离。

马云曾经做过《对话》节目的嘉宾，在开场的时候，仅靠两句话，便营造了良好的氛围，其秘诀，便是幽默。下面我们看看当时的情景。

主持人：欢迎大家来到《对话》节目的现场，今天我们要对话的嘉宾你一定非常熟悉，来看一看。你能够马上叫的出他的名字，对不对，马云。这是他在福布斯杂志上一张封面照片，今天趁他没出现在我们的对话现场，我想让现场的各位来畅所欲言一番，你对他的印象是什么？

观众：我觉得马云可以用“怪”来形容，然后第二个字是“丑”，但是第三个字是“强”。

观众：我一提马云就想到了，他是外星人在中国做买卖的一个成功的典范。

观众：他在90后心目中只能用偶像来形容，而且不是一个普通的偶像。

主持人：你如果找男朋友的话会找马云吗？

观众：不找马云。

观众：马云特别像一个外星人，我也觉得我像外星人，是否今天让马总确认一下，我跟他是一个星球的？

主持人：到底马云是什么样的，如果你看了今天的节目，我们将还原给你一个实实在在的马云。欢迎马云。

马云：我刚才在后面听好像马云死了以后，大家在念悼词。

主持人：你觉得他们够不够胆啊？

马云仅仅依靠在后台听到的几句话，便做出了许多文章，拿自己调侃了一把，成功地制造出了幽默的效果。

从中我们可以看出马云的反应之快，同时也能看出幽默之于谈话的重要性。整个过程中，大部分话语都是主持人在跟观众互动，马云只是说了一句话，但这句话却是整个过程的亮点。这就是幽默的效果，短小而精悍，而且对谈话氛围影响非常大。

一个幽默的人，不需要长篇大论，只要偶尔插上一两句有幽默效果的话，便可以成为焦点。

而想要有幽默的表达能力，首先要有的是与众不同的思维方式。在一般人眼里，被别人说成丑是很丢面子的，但马云却反其道而行之，自然就能营造出幽默的效果了。

幽默是一个人必不可少的社交手段。运用得当，可以让对手哑口无言，可以让尴尬消失于无形。更重要的是，可以给人带来欢乐，从而让人更愿意跟我们接近。可以说，幽默是人与人之间沟通的一种润滑剂，有了它，自然能够让自己更加圆融，走到哪里都能吃得开。

“随机应变”的马云式幽默

马云总是能够在各种关系中找到平衡。他可以用简单来表达复杂，更是能够用轻松来表达严肃。而能做到这些，幽默自然是起到了很大的作用。

有人说，说话的最高境界就是幽默，这句话是有道理的。一个幽默的人总是能够给人带来快乐，同时也能为自己赢得更多的关注和机会。这便是幽默的作用，既欢乐了别人又能成就自己。

很多人追求幽默，不过往往并不成功，结果弄得自己以为说了一个很好笑的笑话，别人却觉得一点也不好笑，从而让大家都陷入了尴尬。想要避免这种情况就要有一定随机应变的能力，只有能够因地制宜，才能让自己的讲话妙趣横生。

在2008年中国企业领袖年会上，马云幽默开讲。此次，马云再次预言，危机将在两三年内打击每一个人，但伴随着危机，机遇也即将来临，优秀企业在逆境中照样可以发展。

演讲开头，马云便说：“今天中午我在外面吃饭，餐厅老板问我，你预计危机明年会结束吗？我说，明年下半年就可以了。他说，明年下半年就可以？我说，明年下半年你就适应了。”

马云以北京团结湖上被冻住的鸭子作比方，呼吁冬天里的变革。他说，这个鸭子一直和野鸭在一起，冬天来了，野鸭都飞走了，这个北京鸭不知道变化，就被冻住了。

“假如你认为这是一个灾难，灾难已经来临；假如你认为这是一个机遇，那么机遇即将形成。去年我跟大家讲，灾难可能会来，现在我告诉大家，机会的形成已经开始，大家开始准备吧！”

“优秀的企业家必须学会比别人提前适应这个环境，谁先适应谁就有机会。做企业至少是5年和10年的考虑，2年到3年的灾难不算什么灾难。”

“危机是危险中的机会。这次所谓危机，是人类社会进入商业社会全球化的阵痛，人类社会要进入商业社会，走向全球化，必须面临这样的挑战。”马云表示，今天已经不能称为灾难或者危机，而是重建体系的开始。

这就是马云式的幽默，用轻松来表达严肃，不仅不会让人觉得唐突和不适，反而能给人一种向上的力量。

在一次演讲中，马云提及“年初有人问我阿里巴巴为什么要做搜索，我回答说就是要让百度睡不着觉。百度如果睡得着觉了，中国互联网网民就睡不着觉了。”

这就是很好的幽默方式。虽然是在表达自己要跟竞争对手好好比拼一番，但并没有那种剑拔弩张式的严肃和压抑，也不像许多人那般，拼命贬低对手，抬高自己，从而给人一种没有气度的感觉。

马云总是能够在各种关系中找到平衡。他可以用简单来表达复杂，更是能够用轻松来表达严肃。而能做到这些，幽默自然是起到了很大的作用。

尝试着锻炼自己临场发挥的能力，做一个随机应变的幽默者，自然可以给自己加分。

把幽默融入到你的意识里

马云可以随时随地地幽默。不管是跟老朋友聊天，还是跟陌生人第一次接触，抑或是面对千百人的演讲，他都能够表现出幽默的一面，不仅活跃了气氛，拉近了自己与别人的距离，而且还给大家带来了欢笑。

能够在不同场合中自由变换角色的人，是社交的高手，而能够在不同场合都保持幽默的，则是语言表达的高手。

马云就是一个这样的人，他可以随时随地地幽默。不管是跟老朋友聊天，还是跟陌生人第一次接触，抑或是面对千百人的演讲，他都能够表现出幽默的一面，不仅活跃了气氛，拉近了自己与别人的距离，而且还给大家带来了欢笑。

幽默让马云成为了一个受欢迎的人。

马云最开始是当老师出身，他以前的一个学生，曾这样描述马云：

上课铃响了，同学们自己选位子坐下。可讲台上空空如也，老师没有到。五六分钟后教室里开始骚动起来，左顾右盼的越来越多。有人开始建议派人去问问，是不是换教室了。

就在这时，突然见一男子冲上讲台，人长得瘦小也很特别，没站稳就开讲："今天我们讨论的题目是'迟到'。我最讨厌迟到，迟到就是对别人的不尊重，从某种意义上说迟到就是谋财害命……"这时同学们都会心地笑了，老师用一种诙谐自嘲的方法向同学们表示了歉意，这位老师就是马云。

迟到是不好的，尤其是给别人讲课的老师，迟到了就更不好了。遇到这样的场景，一般人都会感觉很尴尬，可马云却靠幽默来化解了这份尴尬，不仅表达了歉意，而且让同学们因为长时间等待而萌生出的不满情绪一扫而光。这样的事情，怕只有随时随地都能幽默一下的马云能够做到。

2006年，哈佛中美学生领袖峰会上，一位学生提到马云在接受CCTV采访时说男人的长相和智慧成反比，并提问："当今IT界除了李开复先生还有谁长得很好看吗？"这个出乎意料的问题引起了全场爆笑。

马云也笑着回答说："我当时说男人的长相往往和智慧成反比。如果上帝给了不好的相貌，就会让自己培养得更有魅力、更加聪明。李开复先生确实长得很帅。（全场笑）不过我确实要说IT界丑陋的人要比好看的人多。"

马云说："我知道我认识李开复是在两年前的《对话》节目，当时李开复先生正和北大校长对话，我很欣赏李先生的温文尔雅。第二次是在博鳌论坛的冷餐会上。我非常欣赏Google，是一个互联网的传奇。而我的理想是超过Google。但是正如我刚才所说，每一个成功人士都有不一样的成长背景，比如我非常欣赏李先生的严谨治学和温文尔雅，如果以他为标准，我恐怕连100分里面10分都拿不到；但是如果拿我的标准来衡量他的话，恐怕他也就10分了。"

从中可以看出，马云的意识里布满了幽默的因子，他能不分场合，不分时间，让听者发笑。而有这种能力的人，自然是大家都喜欢的人。

跟陌生人见面时，幽默一下，对方马上就会放松下来，从而愿意跟我们交谈；跟客户谈生意的时候，幽默一下，不仅剑拔弩张的气氛会得到缓解，对方也会放松对我们的戒备，从而让我们可以谈更多的条件；朋友聚会的时候，幽默一下，可以很好地调节氛围，让大家瞬间便情绪高涨。

这些都是幽默的作用，可以让我们所处的环境变得温暖。而想要做到这些，我们需要有随时随地都能幽默起来的能力。那不仅需要有随机应变的机智，更需要有潜移默化地幽默意识，有意识地做一个快乐的能调节气氛的人。

偶尔拿自己开开玩笑

马云是一个善于自我调侃的人，很多人觉得他长得丑，他便拿自己的长相来开玩笑，说人的长相和才华是成反比的。像这种幽默式的自我调侃，在马云身上还有很多。

有人说说话的最高境界便是幽默，而幽默的最高境界就是自我解嘲。所谓自我解嘲就是拿自己开玩笑，调侃自己。这样的幽默是最难得的。

每个人都会觉得自己很厉害，都愿意在人们面前展现自己的魅力。因此，许多人都不愿意调侃自己，因为那样会显得自己不如别人。而真正的自信者，是不在乎这些的，反而经常拿自己来调侃。这是一种真正的自信，因为自信，所以不觉得调侃自己有任何问题。

同时，偶尔调侃自己一下，会给人一种谦虚、低调的感觉。拿自己开玩笑，本身就是放低身段的一种方式。如果这个人有一定的地位或者影响力，而他又勇于调侃自己，那么听他讲话的人，一定会觉得这个人随和、亲切，能放下身段。这是获得别人认同的最好方式。

马云是一个善于自我调侃的人，很多人觉得他长得丑，他便拿自己的长相来开玩笑，说人的长相和才华是成反比的。像这种幽默式的自我调侃，在马云身上还有很多。

马云的一个朋友，在讲到他跟马云的接触时，曾说：

在他打算辞职的时候，本来还挺犹豫的。后来有一天快下班的时候，在校园里遇到了系主任。系主任骑着一辆自行车，车把上挂着两把刚从菜市场买回来的菜。他叫住马云，语重心长地劝他好好干英语教师这份很有前途的工作。“我看着他的样子，突然明白，如果继续在学校待下去，他的现在就是我将来的‘前途’了！”于是，马云迅速地辞职了。

非常有趣的一种调侃方式，从中可以看到马云确实是一个有趣的人。能用很另类的方式来表达自己的经历，从而让听者大笑。

而当谈到漂亮的时候，马云又是另一种表达，不过都是在进行自我调侃。

关于“漂亮”在人生中能起多大作用，马云曾经跟大家也探讨过。马云说：“漂亮当然有用，不漂亮的人经过努力只能做老板，漂亮的人经过努力可以给老板做秘书，哈哈！”

马云是一个很喜欢太极的人，了解马云的人也愿意问他一些关于太极的问题。一次访谈中，马云就曾这样回答别人：

我是曾经忽悠过很多人，我忽悠李连杰创办了“太极禅”，还有华谊的王中军来找我，本来想让我投资，但我忽悠他成立了一家国内最大的电影公司。我也忽悠了很多网商，但我不后悔，我忽悠得很成功，点燃了很多人心中的火焰，我会一直忽悠下去。

忽悠要看对象！我可以忽悠李连杰去做太极禅，我绝对不会忽悠赵本山去做太极禅。

将自己称为一个大忽悠，这是很多人不愿意的，不过马云并不在意，而且当众讲了出来，反而造成了不一样的幽默效果，这就是自我调侃的魅力。

自嘲是一种幽默，更是一种高明的交际方法。尤其是两个人初次见面的时候，常会觉得拘谨，这时候，适时自嘲一下，对方就能感觉到你这个人没有架子，从而放下心中的负担，愉快地与你交谈。

更为重要的是，自嘲是缓解尴尬的最好方式。当我们遇到不知所措的状况时，不妨自嘲一下。这样不仅可以解除我们的尴尬，反而会让我们在别人眼里加分，觉得我们很大度。

要明白，偶尔自嘲并不是妄自菲薄，而是一种很好的交际和谈话手段。

妙用比喻，制造幽默的有效手段

马云经常用比喻表达幽默感。其经典的比喻便是将唐僧师徒四人比作一个创业团队，然后进行解读。效果非常好，不仅帮他表达了自己的想法，人们听了之后，对唐僧也会产生不一样的印象。

很多幽默都离不开巧妙的比喻。比喻的特点就是两个情景的转换和融合，本来在说这一件事，但是引入另一个情景，让两者互相融合、类比，之后便可以达到幽默的效果。它不仅可以帮助我们将想要讲的讲清楚，更能够让听者产生深刻的印象。

马云经常用比喻表达幽默感。其经典的比喻便是将唐僧师徒四人比作一个创业团队，然后进行解读。效果非常好，不仅帮他表达了自己的想法，人们听了之后，对唐僧也会产生不一样的印象。

现在，我们就来看看马云是如何用唐僧师徒四人作比喻的。

国内最好的团队是唐僧的团队，刘备的团队是可遇不可求的团队，唐僧的使命感很好，他的目标就是西天取经，是一个个性很强的人，唐僧这样的领导不一定要会说话，慈悲为怀，这样的领导很多企业都有。孙悟空呢？能力很强，品德很好，但是缺点也很明显，企业对这样的人是又爱又恨，这样的人才每个企业都有，而且有很多。猪八戒呢？好吃懒做，一个企业没有猪八戒是不正常的。沙僧呢？懦弱无能，挑担牵马，八小时工作制，这样的人在企业里更多。这是一个平凡的团队，然而就是因为这个平凡的团队经过九九八十一难，才取到真经。

不过要管理这个团队，对领导的要求是很高的。一个领导者要有三样：眼光、胸怀、实力，一个企业家的眼光不好，永远成不了好的企业家。

将唐僧四人的取经团队，比作是一个创业团队，然后分析其中各自的作用和负责的方向。这样清晰地说明了一个好的团队需要哪些人才，很好地表达了马云本身想要表达的观点，而且给人一种新鲜和幽默感。这就是比喻的妙用，可以让语言生动、幽默，达到我们直接表述所达不到的效果。

在运用比喻方面，马云确实是一个高手，他可以不经意间就拿出一个非常巧妙的比喻，让听者忍俊不禁。

1996年和1997年是很残酷的时候。那时候是当骗子的时候，那时候是没人来找我的。阿里巴巴创业的时候，确实很多投资来找我。但是我拒绝了三十多家了，应该不止，至少应该有三十八家以上的投资者来找我，我说NO，我不要你们的钱。因为很多人总认为，赚钱要钱很难。其实要钱是最容易的，只要你做得好，人家一定有的。有钱人太多了，你要问的是钱背后是什么？他除了钱以后能够帮你什么？因为跟投资者的关系就像结婚一样，等到闹离婚的时候事情已经搞不好了。

这段话，是用婚姻比喻合作，很巧妙也有很强的幽默效果。我们在日常讲话的时候，就是要多用这种比喻，去制造幽默的效果。

比喻是一种形象化的表达，尤其是在表述那种较为枯燥的道理的时候，加上一个生动而又幽默的例子，可以让我们的语言瞬间就提升档次。这些都是其他表达方式所做不到的。

而想要有强的比喻能力，就要拓展自己的思路，开阔眼界。只有脑袋中装的知识多，思维开阔，不拘一格，才能作出精妙的比喻来。如果思维太过僵化，是不能作好比喻的。

想要让自己的话更加生动和幽默，就要学习不同的讲话技巧，然后将之进行得当的应用。不过，什么方法都不是万能的，有其有利的一面，也有不利的一面。比喻也一样，巧妙的比喻可以帮我们加分，可以营造幽默效果。如果比喻不恰当，反而给人一种不知所云的感觉，那样就不好了。

让自己成为一个快乐的人

将自己说成是骗子、疯子、傻子，这是一般人做不到的，需要有良好的心理承受能力才可以。但是马云做到了，不仅坦然，而且给人一种很幽默的感觉。这就是马云，总是能让事情变得对自己有利。

很多人都想成为一个幽默的人，在众人聚会当中，频出妙语，成为众人关注的焦点。可是有的人就是无法让自己变得幽默起来，结果往往是说些只有自己认为好笑的话，弄得大家都很尴尬。

其实，幽默并不难，想要成为一个幽默的人，首先要培养一种积极乐观的心态，这种心态，就是一种修养。有了它，幽默感自然就会流露出来。要懂得，想要成为一个制造快乐的人，那么首先要让自己成为一个快乐和有深度的人。

马云是一个心态非常好的人，不管面对什么样的困难，他总是能够坦然面对。正是这种积极乐观的心态，让马云能够随时随地表达幽默。因为他的内心有快乐，所以才能够释放出快乐来。

关于马云的心态，通过下面这句话，可以看出来。

我记得是《时代》杂志首次把我说成疯子的，批评我想法不切实际。我当然不觉得自己疯狂（crazy），只是与众不同（think different）。你看，我没有信口雌黄，我已把所有被喻为“疯狂”的想法做到了，were here!我也跟国外很多管理层交流过，他们不觉得我疯狂，只是因为我做的事不太合乎中国传统习俗的行为和思维模式，中国人反把我当疯子罢了。

对一般人来说，被别人说成是疯子，是一件很不舒服的事情。但面对这种评价，马云没有愤怒，也没有暴躁，而是坦然接受并积极面对。正是这种心态，让马云不管碰到什么问题，都非常淡然，总是能够保持头脑清醒。马云还经常自己提及被人说成疯子的事，制造幽默效果。在一次商业访谈中，面对记者的提问，马云说：

被看作骗子的时候也是有的——我们可能是中国最早做互联网的，1995年中国还没有联通互联网时，我们已经开始成立一家公司做了。人家觉得你在讲述一个不存在的东西。而且我自己学的不是计算机，我对电脑几乎是不懂的，所以一个不懂电脑的人告诉别人，有着这么一个神秘的网络，大家听晕了，我也说疯了。最后有些人认为我是个骗子。我记得第一次上中央电视台是1995年，有个编导跟一个记者说，这个人看上去就不像是一个好人！

那时候我在拼命地推广互联网，在最疯狂的时候大家开始“烧钱”。别人一定会认为，做电子商务的人只会烧钱，不会干事，所以那时候被当作疯子。

现在是傻子——这两年你看我们非常执着，我们在做这个公司的时候，是不在乎别人怎么看的。我永远只在乎我的客户怎么看，只在乎我的员工怎么看，其他人讲的我都不听。所以人家说你这个人特傻，人家都转型了，你为什么不转型！

将自己说成是骗子、疯子、傻子，这是一般人做不到的，需要有良好的心理承受能力才可以。但是马云做到了，不仅坦然，而且给人一种很幽默的感觉。这就是马云，总是能让事情变得对自己有利。

想要学习马云的幽默，首先要学习的就是马云的这种积极乐观的心态。当别人质疑我们的时候，不妨坦然接受，然后自我调侃一下，自然就将那质疑粉碎了。如果听到质疑后就暴怒，那么只能给人一种没有力量的感觉。

当然，积极向上的心态不仅指的是处痛苦而不悲伤，还有处欢乐而依旧淡然。很多人也是可以幽默的，经常能够说出一些好笑的话来，但是还没等说出口，自己便先笑了起来。这样反而给人一种轻浮的感觉。淡然，才能让自己的幽默效果更佳。

CHAPTER
第十一章 11

说出一片心，留住一群人

帮员工分析形势，让其主动留下来 <

说理和命令相结合的神奇效果 <

营造危机感，激发员工的干劲 <

用合适的语言激励员工成长 <

多讲讲别人的好，就是为自己好 <

“有我在跟没有我在，公司其实差不了多少” <

帮员工分析形势，让其主动留下来

马云看问题的角度很独特，也善于表达出这种独特。阿里巴巴也有人员的流动，但马云总是能够将那些最好的人才留在自己的身边，靠的就是他不一样的表达方式。他不是向员工表达悲情，然后让员工因为人情而留下来。而是帮员工分析形势，让员工自己主动留下来。

一家公司总会有新员工的加入，有老员工的离去。怎样面对这个问题，便能看出这家公司管理者的水平了。

一般的公司都是用情困人，将所谓的人情聚散挂在嘴边，企图让那些老员工不忍心离去。这样做的效果往往并不理想。如果不能给员工一个舒适的环境，不能让员工得到快乐，或者不能给员工更多的收入，那么怎么都是留不住员工的。一个高明的老板，会让员工坚信，待在公司里才是最好的选择。这样做能让自己的员工流动性最小，并能留住那些有梦想的员工，公司必然也有一定的生气。而靠人情或义气虽然能够暂时留住一些人，但那些人往往并不是不愿意走，而是不好意思走。这样，虽然留住了人，但并不能留住心。结果便是公司的员工不少，但大家心都不在这里，而是各有所图，整天都在浑浑噩噩混日子。最终虽然人员繁盛，但效率低下，反而不如大方地把人放走了好。

马云看问题的角度很独特，也善于表达出这种独特。阿里巴巴也有人员的流动，但马云总是能够将那些最好的人才留在自己的身边，靠的就是他不一样的表达方式。他不是向员工表达悲情，然后让员工因为人情而留下来，而是帮员工分析形势，让员工自己主动留下来。

马云曾这样跟自己的员工说：

再一个跟大家说一下，我最大的顾虑就是上市以后员工的心态问题。我一定会跟所有的老员工交流，特别是五年以上的老员工做一个沟通和交流。

孙正义讲过一个故事，这个故事是真实的。当年软银在日本成立的时候，有一个小女孩得到软银一点股票，那个女孩很不高兴，认为给股票还不如给工资多一点。所有公司创业时现金都比较少的，阿里巴巴创业时也一样，开始工资比较低，到了淘宝也低、支付宝也低，雅虎有点例外。当时孙正义就希望工资低一点。女孩拿了一点股权，也没当回事。一年以后，软银上市了，这一点股票值一百多万美金，最后涨到将近两百万美金。她才拿了一点，后面的人可能有拿更多的，全部变成了上百万美金的股东，有的人甚至变成了几千万美金的富翁。这些小女孩说我们真走运，开始买房子、嫁人，没有一个人真正感谢公司、没有一个人真正感谢团队。软银内部冲击很大，公司许多员工一起跑开，很多人成立自己的公司，来挖原来公司的墙脚。留在软银的人受到巨大冲击，股票受到了打击，公司受到了伤害。当然出去的人，据现在统计，没有一个人成功的，来得快，去得更快。留在里面的那帮人都活了下来，而且现在股票越来越坚挺。

我们这些人中，可能有些人想，反正也没有地方去，在阿里巴巴待着挺好的，有一个工作做做就好，反正在这个公司总能够混下去的。那些认为自己很能干、应该得到更高待遇的人都走了。这些都是自认为很聪明的人，而我们这些自认为不是很聪明的人，留了下来。

马云用那些从公司得利后去外面发展的现实遭遇来告诉大家。公司是一个众人的集合体，靠每个人的努力才有公司的现在，才有员工的未来。这才是最好的说服方式。

在这种时候，很多人都会选择打情感牌，将不懂得感恩视为一种不道德讲给大家。这种说法将公司和员工对立起来，容易引起逆反心理。而马云则是将大家归结为一个整体。前一种表述方式，是完全站在公司的角度在谴责别人，而马云则是为大家和公司共同着想。正是这种表达的方式，让马云的话更有说服力。

这就是表达方式的重要性了。不要站在高点上对别人进行说服，那样只会让自己陷入孤立。要懂得从全局的角度来谈，将大家当成一个共同体，然后分析整个共同体的利益走向，这样别人自然就认可了。

说理和命令相结合的神奇效果

用命令口吻去跟别人讲话的方式是最不可取的。哪怕面对的是自己的员工或属下，也多半不会有好的效果。对方或许会因为我们职位更高而不当面反驳我们，但内心一定是有抵触情绪的。从而工作热情大打折扣。

在给别人讲道理的时候，很多人都很强势，总是用命令的口吻，让对方必须去做，这是不好的。要知道，坚定的语气可以让人更相信我们，但不容置疑式的强悍就有些过头了，会让听者反感，觉得自己被人小觑了。

因此，在说服别人跟自己一起做一件事的时候，要学会引导，学会把自己的愿景和想法讲给别人听。同时，要告诉对方，这样做对他们有哪些好处。只有给对方充分的理由，然后加上坚定的语气，才能够让对方真正接受我们，从而愿意跟我们一起去做。

用命令口吻去跟别人讲话的方式是最不可取的。哪怕面对的是自己的员工或属下，也多半不会有好的效果。对方或许会因为我们职位更高而不当面反驳我们，但内心一定是有抵触情绪的。从而工作热情大打折扣。所谓在我们面前点头，在我们背后偷懒，多半是因为此。

想要取得好的讲话效果，不如尝试一下将说理和命令结合起来的说话方式。

下面我们就看看马云是怎么做的。

我有一个想法和要求，希望在座的每个人，不管你以前干什么的，现在都要正视互联网，欣赏互联网。这个东西真奇怪，我们以前搞不过它，越来越搞不过它，我们还很弱小，我们到现在为止没有超过100亿美金市值的公司，你说能成为世界级的伟大公司吗？人家都搞到1700亿了。但是不等于不存在互联网的精神。

我为什么去做阿里妈妈（阿里妈妈是阿里巴巴公司旗下的一个全新的互联网广告交易平台）？因为互联网的文化是一个生态链，互联网绝对不可能让几个超级大网站独霸天下。海洋里面不可能只有几条鲸鱼、鲨鱼，而没有大量的虾米。没有小的东西，鲨鱼、鲸鱼都会死掉的。阿里巴巴必须要有生态链，我们必须为将来自己生存的环境而发展。

无数的中小网站、博客、论坛，这些不活下来的话，我们会死掉的。为这些环境做事情的时候，企业就会做得更强大。阿里巴巴要感谢中小型网站，没有中小型网站，新浪、网易门户封杀的时候，淘宝就没了，至于赚不赚钱，我们forget it（不必在意）。

今天阿里巴巴有这个能力做一些围绕着战略做的事情，战略永远是重要而不紧急的事情，但生态环境是很重要也很紧急的。

开头的第一句话，便是有命令意味在里面的，不过并不强硬，更重要的是，紧接着不是下达具体的命令，而是告诉人们为什么要执行这个命令。这样的讲话方式效果就会很好。它是引导式的，而不是粗暴强硬式的。

人或多或少有些自负情结的，因此当听到别人粗暴强硬地命令自己的时候，总会觉得不舒服，从而有抵触情绪。我们要做的不是用更加的强硬的方式将这种抵触情绪压制下去，而是用说理和命令相结合的方式进行引导。

要知道，让别人按照我们的意愿做事，并不是让别人成为我们的附庸，而是拉上别人一起去做一番事业。因此，切不可以摆出自己是老大的架势来，用不容置疑的口气跟别人说话。那样是摆错了自己的位置，同时也背离了我们的初衷。

营造危机感，激发员工的干劲

马云也会给员工制造危机感，不过不是来自内部的危机，而是来自外部的危机。这样，不仅可以激励起公司所有员工的工作热情，更有利于大家形成一股力量，劲都往一处使。

怎样让自己的员工在工作中干劲十足呢？这可能是每一个公司老板要考虑的问题。

有的公司老板为了让自己的员工更加努力去工作，依靠巨大的工作量或用自己的权力压着他们做。这样的做法，会让员工陷入疲惫，同时也容易引起他们的抵触情绪，越来越懈怠，最终不仅没有实现自己的目的，反而适得其反。

另一种做法就是利益诱导，即用利益去激励员工，让他们有干劲了。但这种办法产生的效果不持久，最明智的方法是让他们有危机感。

但有些人也把这个弄错了，他们在公司内部制造危机感，那是不好的。比如末位淘汰机制，虽然能够让员工拼命干活，从而摆脱被公司淘汰的命运，但让公司内部整个成了一个略带对立意味的环境。与身边人竞争的意识越强烈，团队就越不稳定。所以这样做的公司，一般来说虽然员工们也很努力，但缺少团结奋进的氛围。

而在这点上，马云的做法就很高明，我们来看看，他是如何跟员工说的？他的这番话又会起到什么样的效果？

我们的对手是世界一流的对手，谷歌是1300多亿美金的公司，拔一根毛出来不知道多少公司被打下来。我们中午在开会，英文站点技术人员才18个人，18个人在扛着谷歌这样的对手。

我们要求公司各个部门给英文站点提供强有力的支持，因为65%营业额来自B2B，是这18个工程师在扛着。我们处在危机当中，必须在两三个月以内彻底扭转这个局面。从阿里软件、淘宝、支付宝、雅虎中国，我们要抽调优秀的工程师到这个团队里面，特别是阿里软件，有多少工程师，举手给我看看？今天B2B老大第一个站到拳击台上，对不对？这是真正世界性的拳击台，马上要上去。

我们要配置好优秀的人才，要配置拳击套、牙套。阿里软件，抽你们的人，别说不。我们今天需要志愿兵，淘宝、支付宝、雅虎，全部要有这样的心态。我们今天全力以赴派第一批志愿军进入到B2B。

明枪暗箭越来越多，QQ的实力大家都知道，百度的实力你们也知道，谷歌的实力也知道。阿里巴巴是强大，但我们对手也是世界一流。QQ是世界一流，IM（即时通讯）谁玩得过它？谷歌是世界一流，百度股票涨到200多美金。告诉大家，碰上优秀的对手，首先你很幸运，淘宝很幸运，阿里集团很幸运。我们今天碰到的对手是世界一流的对手，我们要学习他们、超越他们。

我想告诉大家，我们的模式并不比他们差。我认为电子商务和互联网最强大的两大模式，第一个是门户，第二个是搜索引擎。到目前为止，真正Web2.0商业模式运用最好的，不是靠广告，而是靠交易赚钱，就是eBay和淘宝。

马云也会给员工制造危机感，不过不是来自内部的危机，而是来自外部的危机。这样，不仅可以激励起公司所有员工的工作热情，更有利于大家形成一股力量，劲都往一处使。当一群羊不团结的时候，最好的办法不是给它们制定制度，而是在它们的周围放一匹狼，就是这个意思。

从中我们可以看到，马云的一席话便营造了一种紧张的氛围，同时能够激发员工的工作热情，让员工有上进的精神。大家听了这番话后，想得更多的就是：虽然我们的对手很强，但我们也不弱，既然大家都是强者，那么就放手做一次，比个高低吧。

一个会讲话的老板不是一味地给员工危机感，而是能激发他们的干劲，让大家团结奋进。

用合适的语言激励员工成长

在员工因为自身原因懈怠的时候，就要批评他们，激起他们的斗志。如果外部的大环境不好，导致大家对事业没有信心的时候，他就会去鼓励员工，让他们重新振作起来。

每个人都有不同的性格，也有不同的说话风格。有些是和善的，即使批评别人的时候也保持一种优雅；有的人则是尖刻的，即使夸奖人的时候也会略显尖刻。其实，这些讲话风格，只要不对别人造成伤害也没什么的。但一个真正的讲话高手，懂得在不同的场合讲不同风格的话，该柔和的时候柔和，该犀利的时候犀利，这样才有效果。

马云就是这样的一个人，他对员工有很高的要求，经常在员工大会上讲话时不留情面，在员工因为自身原因懈怠的时候，就要批评他们，激起他们的斗志；如果外部的大环境不好，导致大家对事业没有信心的时候，他就会去鼓励员工，让他们重新振作起来。

在一次公司内部讲话中，马云告诉员工们：

我今天不想总结说，我们一定要往这边走，而是和大家一起探讨一些思想。

我今天看到标语上有这么几个字：“勇气和坚持”。我以前讲过，实力就是抗击打能力，你怎么打我我都不倒，明天又来了。在这里面可以看到实力是一种勇气和坚持。

勇气是因为你“艺高人胆大”，而坚持是因为你有“使命感”。你可能比别人看得远，你看到的角度别人可能没有看到，所以你坚持走下去。在勇气和坚持这两个方面，上升到一个高度就是，勇气是在压力面前还敢不敢坚持，坚持往往是在压力和诱惑面前，你敢还是不敢。这对领导者很重要。

压力很大，比方说SARS（非典）爆发的时候，整个阿里巴巴都感觉到天要塌下来了，明天可能要关门了。可我们阿里巴巴从来没有比这个时候体现出更强大的领导力。当时我们说不能忘记客户，我们还是要往前走。那个时候真的像一场fight（战斗）。

除了压力，还有诱惑。昨天我和卫哲在讲，路演的时候，按照我们的资金、所有的认购量，一千八百亿美金的无底价订购，我们真的可以在十八块、十九块左右轻轻松松地卖出去，多卖一块钱，我们就能多拿一亿美金，就可以多一个阿里巴巴江对岸的园区，有十三万平方米。在这个诱惑面前，我们坚持住了。而还是不是坚持你的使命感？很多人在诱惑面前软掉了。

真正的将军是在特别的时候才出现。大败敌军的时候，这个将军的勇气和领导力你是看不出来的，撤退的时候才看得出来谁是优秀的将军。

淘宝五年不收费，这是我们的承诺。另外，我们知道B2C、C2C的市场很大，要抢占制高点。在诱惑和压力面前，偏偏有人在说，哎呀，阿里巴巴是不是不知道怎么挣钱了，你们好傻，等等。So what（那又如何）？因为我们看得更远，因为我们知道我们的使命不是挣点钱，而是创造一百万的就业机会，改变无数人的命运。所以我们说不，继续往前。勇气让我们知道自己的使命。

马云的这段话是为了告诉员工们不要受外界影响而丧失斗志，鼓励他们在困境中以勇气、坚持和使命感去拼搏。这就是马云，总是能够找到最好的应对方式，用自己的语言激励员工们成长。

我们也总会遇到这样那样的人，他们会向我们求助。有的时候是对方走进了牛角尖里，这时候就要尖刻一点，将他们骂醒。但是如果对方遇到了自己所不能左右的情况，我们就要给予鼓励。很多时候，鼓励别人也是在激励自己，我们可以从他们身上看到自己的不足，对我们也是一种提高。

多讲讲别人的好，就是为自己好

一个真正聪明的人，不仅会向别人介绍自己的功绩，更是会将合作伙伴的付出告诉众人。这样，不仅能让众人对你的团队有一个清楚的认识，也会让合作伙伴感到舒心。

现代社会是一个讲究合作的社会，我们需要跟别人协同合作才能让自己的理想一点点实现。在这个过程中，如何去面对合作伙伴，显得很重要。

有些人很自负，总是觉得自己很厉害，觉得自己无所不能，而看不到别人的作用和付出。这样的人最终是不会取得成功的。

一个真正聪明的人，不仅会向别人介绍自己的功绩，更是会将合作伙伴的付出告诉众人。这样，不仅能让众人对你的团队有一个清楚的认识，也会让合作伙伴感到舒心。

不管什么时候，都不要将所有的功劳都记在自己的头上。在合适的场合，记得告诉别人自己的朋友、伙伴们曾付出过多少。不仅会让听者觉得你是一个懂得感恩的人，朋友、伙伴们知道后，也会更加信任你。

在一次接受访谈时，马云的回答，就表现了自己对合作者们的感恩。

杨达卿：我们曾经做了一个调查，很多淘宝的卖家可能不是依赖于产品本身而是依赖于物流差价赚取费用，比如说一件衣服，它在淘宝上挂着快递费用10元，实际上他最终给物流商可能是6元，而这个差价造成好多淘宝卖家一个依赖性。今天阿里巴巴提出一千亿的计划，有二百到三百亿投入仓储系统，阿里巴巴或者淘宝凭借话语权优势怎样营造好的游戏规则？

主持人：总而言之，觉得你抢了别人的饭碗。

马云：我们没想抢合作伙伴的饭碗，阿里生态系统有今天归功于无数个下雪天、大太阳都在送快递的快递人员，抢他们的饭碗，阿里就会倒。我们投钱的目标，是让这些人受尊重，让这些人的生活条件好一些。11月11日，光淘宝一天的促销导致的包裹是7800万个，我第二天请了物流公司的老板吃饭，我问他们怎么做到全都送出去。他们说，把自己的太太、儿子、女儿、等所有的人都用出去。7800万个包裹，每一天还有2000万的包裹加进来，居然都送出去了，这是中国的奇迹。我由衷地尊重他们。我的职责投资物流，是让他们活得更好，当然，活得更好不是分钱，只要用钱解决的问题都是小问题。我希望制造业赚钱，消费者有好处，中间的服务提供商能赚钱，而不是给那些传统的中间流通领域所垄断。我们做的消费流通，希望能迅速影响到消费制造，从而改变生活方式。

我听见有公司说招两万快递人员，他是做电子商务的，我挺为他着急的，我觉得这样做是要死的。必须让社会上其他人活好，帮你服务好。如果服务得不好，你可以请进更好的。

马云没有大谈特谈自己的阿里巴巴和淘宝，而是告诉大家快递从业人员有多辛苦，他们付出了多少，这是给自己的合作伙伴打广告。这是对快递从业人员付出的一种肯定。这种不表扬自己而表扬他人的做法，就是懂得感恩。

做人不要总是想着自己，一个完全活在自己的世界里的人是可悲的。只有胸怀开阔，能看到别人的付出，懂得感恩的人，才是真正能够得到别人认可的人。

当然，更重要的是要把这份感恩表达出来，要让别人知道自己身边的人曾付出过多少。这样，我们的朋友才会更愿意跟我们交往，我们的伙伴才会更愿意跟我们合作。

没有人喜欢一个总把功劳归于自身的人。既然如此，就不要去做这样的人，更是不要说这样的话。多讲讲别人的好，其实也是为我们自己好。

“有我在跟没有我在，公司其实差不了多少”

在大多数人看来，阿里巴巴能有今天，是马云的功劳。不过马云却曾不止一次在公共场合说，阿里巴巴可以离开马云，但马云却离不开阿里巴巴。这就是一种不贪功的表现。说这样话的人谁会不佩服他呢！

人都有一定的虚荣心，喜欢美化自己，这是很正常的，毕竟每个人都渴望能够得到更多人的认同。不过，即使美化自己也是要掌握好一个度，特别是以一个团队的个体身份出现的时候，更要懂得把握这个度。你可以宣传自己的团队，可以跟别人说自己的团队很厉害，也可以拿出团队的成绩给别人看，但切不可把所有的功劳都安放在自己的身上。一个人最重要的是懂得尊重别人的劳动和付出。

马云是一个懂得尊重别人的人，尤其懂得尊重公司内部每一个员工的劳动和付出。在大多数人看来，阿里巴巴能有今天，是马云的功劳。不过马云却曾不止一次在公共场合说，阿里巴巴可以离开马云，但马云却离不开阿里巴巴。这就是一种不贪功的表现。说这样话的人谁会不佩服他呢！

阿里巴巴可以没有马云，但马云不可以没有阿里巴巴。有我在跟没有我在，公司其实差不了多少。

经过10年的发展，我们公司从18个人到今天的18000多个人，2009年我们招收了5000名新员工，相当的不容易。

这10年来，我们犯的错误比取得的成绩多太多。今天别人想知道的是我们取得了哪些成绩，其实我们觉得没什么，活下来最重要。从1999年到现在全世界至少不下2000家做企业电子商务，跟他们相比，我们真的活下来了。

我们这一代人是很幸运的。在上市的前一天，我把阿里巴巴全体员工集中在一起，这些人现在最少的都是百万富翁。我问他们，你们为什么这么有钱，是因为我们比别人勤奋吗？我自己感觉比我们勤奋的人多太多了。是我们比别人聪明？我看更不靠谱。

小学我读了七年，高考考了三年，后来考了师范学院，专科，当时大学男生少，我就“转”成了本科。我曾应聘过很多的工作，没有一个单位要我，最后我去踩三轮车干了两个月。所以一路走来，我并不觉得我聪明。

回过头去看，如果重新来一遍，我还是这样走，会不会成功，会不会走过来，我认为，概率非常低。

不管在什么场合都要懂得尊重别人。既要尊重跟自己一起共事的人，不抢夺别人的功劳，也要尊重在场的听众，不要用一种强势的命令式的口吻来跟听众说话。尊重对方，是人们彼此沟通的时候要坚持的第一条原则。

想要做到时刻尊重别人，首先就是要把心态摆正，要明白，人与人是平等的，际遇上有差别，更多的时候不是因为谁比谁更聪明，而是看哪个遇到的机会更多。了解了这点，自然就不会觉得自己高高在上，从而用一种不够尊重的口气跟别人说话了。

还有就是，不要拿无知当个性。很多人认为，想要获得众人的瞩目，就要与众不同。可是他们不明白，这种与众不同是学养、气质上的不同，而不是只要做些怪异举动、说些哗众取宠的话就可以的。因此常常会陷入一个误区，刻意为了不同而展现不同。而他们在展现这种不同的时候，就会常常表现出轻浮的一面，从而给人一种不懂得尊重别人的印象。

一般来讲，人与人交流的时候，是一种共生共存的关系。如果作一个比喻的话，即别人是土地，我们的行为则是种子。如果我们通过自己的话语给对方种上尊重的种子，那么我们收获的也必然是尊重。如果觉得自己了不起，不尊重别人，那么从别人的土地上长出来的一定也是不尊重。到时候，受到伤害的是我们自己。

CHAPTER 12
第十二章

把话说到点儿上，回应才能更有效

危机公关，以退为进方为上策

在危机面前，马云采取以退为进的讲话策略，很快地平复了这场风波。很多人也面临过类似的危机，但不是因为太过强势而引起更大的不满，就是因为言语空洞而招致别人的讨伐。

在马云的商业生涯中，也是有很多坎坷的。他曾创建过好几个公司，虽然都有一定的成就，但终因无法实现自己的梦想而放弃了。最后，马云做了阿里巴巴，这是他的梦想所在，因此坚持了下来，并取得了成功。

不过阿里巴巴一路走来也并不是一直都顺利的。其中，淘宝商城的涨价事件，便是一个不小的波动，很多用户不满，对马云表示抗议。

马云得知这个消息后，马上赶了回来，并对不满者做了一次演讲。

谢谢大家，有点时差，刚从美国回来，对不起大家，每次都是匆匆忙忙把大家叫过来沟通。来之前媒体朋友说，你的手上写了什么东西，我说我的手上写了四五个忍字。我的朋友怕我会乱发脾气。这一年麻烦还真挺多，这样的沟通有3次，第一次是电视台批淘宝有假货，第二次支付宝，第三次是这个。挺奇怪的，支付宝的事情扯出了VIE，说诚信又说我们打击小企业。

这个政策的出台，淘宝商城做了很多研究，我也一直关注这个事情，有两个出发点：一是几个部委联合打假做网上诚信，电子商务越来越大，如果我们不对假货水货采取措施，中国电子商务走不了多久。二是中国电子商务面临产业升级。我认为3年之内中国经济会面临挑战，挑战最大的是中国民营企业，美国这方面的结构做得很好。我这次去美国另外一个原因，是看奥巴马如何解决就业的。他们走过的路，对中国也许有经验。

有人会说，马云你为什么老是站在道德的高峰。我并没有，我只是个普通的创业者。去年年底我在淘宝大会上说2011年淘宝必有一难，说过后我也忘了，后来果真是这样。我希望2011年是淘宝最后一次遇到麻烦。阿里巴巴今天缺的不是工程师、客服人员，最缺的是法律专家、经济学家和政策学家。淘宝上面有800万人开店，很多人以此为生，假如你不改，3年以后网购起来，网购电子商务可能是解决中国内需、扩大就业最好的办法。我是1点20分的飞机，9点之前我和加州州长在讨论加州就业情况，想吸取经验，因为中国每年就业很艰难。这是做企业的责任感，我喜欢做自己觉得对的事情。

这条路是我们自己选的，我们没有请求大家同情，只是希望大家理解一下做这个事情的难度。我从来不是互联网的英雄，我就是个凡人。我觉得对不起的是我的同事，他们在做超越能力的事情。有人说我们圈钱、非法集资，说拿去买雅虎，你们知道买雅虎要多少钱吗？按照今天的市值要200亿美元，要按照现在几万的速度，下辈子都筹不齐。我们是互联网公司中现金储备最多的公司，我们为200多亿美金早就做了准备。运营淘宝一年需要多少钱？2011年现金支出是60多亿，不包括固定支出20亿，一年花出去70或80亿，我没问银行、政府要过一分钱。你们有困难，哪家企业没有困难？每家企业都有自己的压力，都不容易。淘宝刚成立的时候，大家说我们靠免费打败易趣，也有人说垄断。前段时间我去美国穿越沙漠，没有油了，走了好久找到加油站，一看要加75%的费用，开车的人火气很大，很生气地说是垄断。油站老板说，你去其他地方看看，欢迎你到这来投资，我10年前就开始来这做加油站，投入了很多资金。今天来闹事的人，也不是毫无道理，我们政策制定的想法是好的，但方法需要完善，需要与大家沟通。王帅一再批评我，不要骂媒体，要用网络时代的沟通方法，我觉得我们的沟通这次是有问题的，制定制度的都是20～30多岁的年轻人，缺少制度专家。有人愤恨我完全理解，今天必须面对这个挑战。5万多人真正参与攻击的是5000多人，有一半是没有淘宝店的，有店的人都是被处罚过的，当然背后还有一家网络公司的员工在里面。我们不是没有错的，我们向大家道歉。

马云首先是表达了歉意，安抚众人的情绪，并梳理整个事件产生的原因等，对其中的环节的对错给予点评，最后向大家表示歉意。听完马云的这番话后，人们的疑问自然少去很多，不会无端闹事。

在危机面前，马云采取以退为进的讲话策略，很快地平复了这场风波。很多人也面临过类似的危机，但不是因为太过强势而引起更大的不满，就是因为言语空洞而招致别人的讨伐。

正确的处理方式应该是，先对对方的行为予以肯定，但这个肯定也是有学问的，要肯定对方的心情，而不是肯定对方的行为。通俗地说就是告诉对方他们的心情自己能够理解，如果换作自己处在他们的位置，或许也会做出同样的选择。但切不可直接说他们的行为是对的，如果作了这样的肯定之后，就没办法进行后续的“反攻”政策了。

给对方一定的肯定，为的是安抚对方的情绪，让他们不再那么激动。然后就是摆事实讲道理，跟他们一起分析整个事件的成因，告诉他们彼此付出了多少。这时候再去否定他们的行为，对方自然就无话可说了。这是危机公关时，大家常用的以退为进的讲话策略。

说出事实，让听者自己去解读

他没有吹捧自己，从而给人一种狂妄的感觉，也没有去突出对手，让人觉得言不由衷，而是客观地列出了几家公司的优缺点。这样既回答了问题，又不会产生争议。

面对别人的提问时，我们要想一下该如何去回答，这很考验一个人的表达能力。有些人不善于处理这些问题，当被问到自己和另一个人哪一个更厉害的时候，回答总是不得其要。不是夸大自己贬低对方，凭空得罪人，便是夸大对方贬低自己从而给人一种妄自菲薄的印象。

一般来说，面对这种问题，列出彼此的优缺点，将客观事实说出来，其他的要让听者自己去解读。

马云在接受《香港南华早报》记者的专访时就遇到了这样的问题。

记者：刚才你也谈到，阿里可能是中国最好的互联网公司，现在舆论上通常会认为，在中国，真正进入到国际化的互联网市场竞争的互联网公司有三家，阿里、腾讯和百度，你怎么看？

马云：既然舆论说三家，那就三家。我并没有说我们最好，我指的是在管理方面，我们是领先的。腾讯是在产品和工程上比较强一点，百度是在搜索技术上比较领先一点。说到管理，我们是三家中最好的。我当着他们两个人也讲过这个问题，我们再增加两万名员工，我们可以照样管得很好，他们可能就扛不住了。在搜索的技术上，我们今天要往前推进的话，我们跟百度是有距离的；在产品的丰富性上，在对通讯产品的把握和客服的体验上，我们和腾讯是有距离的。腾讯强在产品管理，百度强在搜索技术，但互联网绝不仅是搜索技术，在其他技术上，他就比较累一点。我们强在综合管理和综合的技术、产品、工程。我们也许没有一样东西比别人厉害，但在文化和管理上，我们相对来讲好很多，所以才会导致每样东西都是普通的，但是整体的竞争力并不差。

当然毫无疑问，中国这三家是今天总体综合实力最好的。但是，传统行业是“六十年河东，六十年河西”，到了工业时代，是“三十年河东，三十年河西”，现在，“三年河东，三年河西”，所以，都很难说。

这个记者的提问很尖锐，其实是隐藏着陷阱的，不管是将自己跟人比较还是将另外两个人放在一起比较，总是容易产生矛盾。一旦说不好，便成了话柄，被人指责。

马云回答得就很好，他没有吹捧自己，从而给人一种狂妄的感觉，也没有去突出对手，让人觉得言不由衷，而是客观地列出了几家公司的优缺点。这样既回答了问题，又不会产生争议。

不管是公众人物也好，普通人也罢，总会遇到一些刻意挑事的问题，或者是一些问的人虽然无心，但回答不好便得罪人的问题。比如，有人问两个女人哪个更漂亮的问题。这时候，不管说谁漂亮都会得罪人，而如果给出一个含糊的答案，又会给人一种圆滑不真诚的印象。

此时，不妨学习马云的讲话方式，指出两个人各自的优点，但不给出最后的结论，让听者自己去想。这样就不会伤害到被评论者。

在面对棘手的问题时，不要慌，口不择言是最不明智的选择。而是要思考哪种表述方式最恰当。

在面对别人的提问时，一定要想清楚那问题背后隐藏的意义，不要只看表面。有些问题表面是很简单的，但简单回答之后，问题就变复杂了。就像前面举的例子一样，两个女人哪个更漂亮些，就是一个简单的问题，只需要说出其中一个人的名字就可以了。但如果真的第一时间说出一个人的名字，那么这个问题就变得复杂了，另外一个一定会感觉不满，从而产生了矛盾。

讲话，表面看是嘴上说说，但其实是大脑思考的结果。我们要时刻保持清醒的头脑，多说一些得体的话，少说甚至不说伤害别人的话。

被拒绝时，不要选择主动闭嘴

不管干什么，都要有一个过程，而且这过程往往并不是很愉悦。这时候，只有坚持，才能达成目标。

人想要成功，就要有持之以恒的精神。只有通过不断的努力，才能达成最终的目标。如果遭遇一点点的困难就想要放弃，那么是无论如何也无法获得我们想要的成功的。

其实，不仅事业上如此，讲话也一样，需要些坚持的精神。当我们给别人讲述一个我们自以为很正确的道理的时候，可能因为对方有偏见，当我们想要改变他们的看法，让他们跟我们保持一致的时候，对方有抵触情绪，这是很正常的。

这时候，不要觉得对方有抵触情绪就放弃，而是要主动耐心地给他们讲解我们的理由。总有一天，会改变对方的想法。不管被人拒绝了多少次，我们都要坚持争取，这样成功率才会高。

2003年2月，当马云和孙正义就进军C2C市场一事达成高度共识时，阿里巴巴知道，第四次融资的事已是板上钉钉了，因为孙正义是非投不可的，关键是投多少和占多少股份的事，这才是谈判的主要内容。

不出所料，2003年7月，孙正义打来越洋电话。在电话里，孙正义正式提出了二度注资的想法，双方约定几天后在日本东京会面。于是这才有了马云和蔡崇庆会后上东京的事。到东京后，马云和孙正义初步定下调子，蔡崇庆与孙正义及其手下开始了正式谈判。谈判进行得很激烈也很艰苦，焦点集中在两个问题：一是孙正义二次投资后是否控股，二是阿里巴巴员工能否持股。蔡崇庆可谓是谈判老手，况且他和孙正义交过一次手，但这次谈了很久，双方还是僵持不下。“当时讨价还价的程度不亚于第一次。”蔡崇庆如此描述。

会场休息期间，马云去了趟洗手间，孙正义也跟进来，双方对视了一会儿，马云突然提出了一个折中的方案：“我觉得8200万美元是个合适的数字，你觉得怎么样？”孙正义想了一下，很痛快地同意了：“好，那就这么定下来。”

回到谈判桌前，他们告诉在场的人问题解决了。蔡崇庆说：“他们两人去洗手间时，还显得有点紧张，再回到谈判桌上时已经笑容满面了。”为什么马云要提8200万美元？“这是平衡的结果，投资者和我们都作了妥协。”马云这样解释。在软银二度注资之后，其股份已经增至接近30％，但尚未达到相对控股，相对控股的是包括管理层在内的阿里巴巴员工股。

这就是阿里巴巴的第四次融资，实际上是阿里巴巴为淘宝融资，也可看作孙正义主动投资让阿里巴巴做淘宝。

马云的这种不放弃、不停试探的精神，对他的成功是有极大的帮助的。

没有谁可以轻松说服另一个人，要想获得对方的认可，不拿出坚持不懈的精神是不行的。事实上，不管干什么，都要有一个过程，而且这过程往往并不是很愉悦。这时候，只有坚持，才能达成目标。

当然，想要做到坚持说，首先要解决一个问题。很多人被人拒绝之后就不再开口了，所以这样不是不明白只有继续说才有说服对方的可能，而是觉得接着说显得很没面子，甚至有的被拒绝之后便觉得对方没有善意，从而怀恨在心。其实大可不必。

想想看，我们不是也经常拒绝别人吗？我们拒绝别人，其实并没有恶意，不过是有诸多不方便的条件。如果被我们拒绝的人，换个时间再来，我们很可能愿意跟他们聊。而拒绝我们的人，也是这么想的。所以不要觉得被拒绝之后便是没了面子，因此不再上那人的门。

顾及语境，然后作答

在面对别人的质疑的时候，马云首先会分清对方提问的目的，是真的不懂还是故意找麻烦，对于后者，他会直接反驳回去，而对于前者，则会耐心讲解，给对方以正确的答案。

生活中，我们总是会遇到别人问的一些这样或那样的问题，有的是我们觉得很高深的，无法回答，有的则是我们觉得很幼稚的，不屑于回答，更有的是我们觉得很棘手的，不知该如何回答。怎样面对这些问题，成了很多人的烦恼。

有的人在面对陌生人所提的自己看来很幼稚的问题时，不屑于回答。有的人则表现极端，觉得别人就是来挑事儿的，干脆给予呵斥和反驳。这都是不好的。

在这方面，马云做得就很好。在面对别人的质疑的时候，他首先会分清对方提问的目的，是真的不懂还是故意找麻烦，对于后者，他会直接反驳回去，而对于前者，则会耐心讲解，给对方以正确的答案。

在做客《对话》栏目的时候，马云就遇到了这样的问题。

观众：马总一直在说阿里生态圈的问题，现在我在淘宝上做，因为去年我看到一份数据，2012年，中国的电商B2C市场包括天猫在内的9家网站，占据了95%的市场份额，我觉得这是一个很可怕的事情。

马云：今天的电子商务跟当年的区别、跟美国的区别是很大的。很多人可能会讲到垄断，互联网时代，规模化实际上来讲是降低整个社会的成本。互联网越来越透明，所以对这垄断大家要重新思考，我们目的是降低整个社会的成本，让社会所有的商业环境更加透明、公正和开放。美国几乎每家公司都有IT人才，美国的IT设施设备非常之好，每个公司可以单独做自己的网站。我们现在的定位是小企业，小企业没有IT人才，小企业没有这样的研究，小企业没有这样的投入，全世界只有中国才会有这种独特的现象。

所以我们公司小了，就没办法帮别的小企业。今天跟十年前做电子商务差异很大，十年前做电子商务你没有流量你得自己干，没有快递你得自己建，没有支付你得自己建；今天已经有流量了，已经社会化了，已经有快递了，为什么不用别人的这些资源呢？

马云明白很多人还不清楚市场份额决定了什么、预示着什么，于是借这个机会耐心解答了这位观众的问题。这样，不仅让那位观众懂得其中的含义，也侧面向大家解释了其中的道理，告诉大家阿里巴巴市场份额虽然多，但并不是垄断，大家也不用担心。

人们有担心，有疑问，就说明有些地方沟通不畅。当有人质疑我们的时候，并不一定就是故意针对我们，而更多的时候是因为想要了解我们。就像那位观众，他并不是找阿里巴巴的麻烦，而是关心阿里巴巴未来的发展。如果马云觉得他的话有些地方让自己不舒服，唐突了自己从而直接驳斥回去，反而不好了。

不管说什么，跟谁说，怎么说，都要顾及到语境问题，否则，与人沟通就会存在问题。回答，才是好的回答。

上帝错了的时候，就要给予回应

当客户因为自己的利润空间被压缩了，就要求马云做无条件让步时，马云就会直接反驳，毫不退让。

中国人一直是比较内敛的，讲究与人为善，一团和气，尤其在商业领域，自古就有和气生财的说法。

现代社会是一种服务型社会，人们奉行顾客就是上帝的理念。不过很多时候上帝也是会犯错的，尤其当外部环境发生变化的时候，客户跟公司更容易产生矛盾。这时候如何应对就要看一个人的智慧了。

有的人选择的便是和气生财的方式，对客户的要求都一一满足，这不是不可以，但如果要求没有道理的，不妨直接反驳回去。

只有坚持原则，才能让自己的事业做得更远。

在这一点上，马云就做得很好。对马云来说，2011年可谓是多事之秋，这一年马云领导的阿里巴巴旗下的淘宝状况不断。尤其淘宝商城提高门槛服务费后，社会反响尤其大，很多人都对马云这一做法提出了疑问，有的甚至干脆抗议起来。面对此种情况，2011年7月初，马云从美国飞回杭州，约见媒体进行了澄清和说明。

在专访现场，马云逐一反驳所谓淘宝商城提高门槛服务费是“过河拆桥”的言论。“有人说阿里巴巴不了解小企业，不关注小企业的生死。我想问，国内有哪个公司或者哪个机构，能够站出来说比我们更了解小企业，比我们更能够直接地了解小企业发展的现状和问题。这12年来，阿里巴巴的发展与中国小企业的发展荣辱与共，我深以为傲！”

“淘宝运营九年来，至今仍然坚持免费开店策略，我们从不指望靠淘宝商城挣钱，但我们要求所有的商家必须要确保这个平台的整体品质，赚到钱的重要基础就是所有的商家必须能给消费者提供有品质的商品和服务。”

马云说：“淘宝网发展壮大至今，对阿里人来说，更是个责任。淘宝网每年仅运营成本就超过70亿。淘宝平台今年交易规模将达到6000亿元，培育了逾800万的商家，每年直接间接提供200万个就业机会。如果有一天淘宝网关门了，哪怕是关停一天，其影响将不堪设想。所以我们必须要采取一切确保品质的措施，这也是淘宝商城提高品质门槛的初衷。”

面对别人的质疑，我们如何解答，并不是看对方是什么身份，而是要看对方的要求是否有道理。如果对方的要求有道理，那么就要尽量改正。可是如果对方没有道理，不能为了息事宁人而做出让步，那样对自己也是不负责任的。面对无理的要求，应该直接反驳，哪怕那人是我们的客户。

马云秉持的就是这样的一种观念。当客户因为自己的利润空间被压缩了，就要求马云做无条件让步时，马云就会直接反驳，毫不退让。

凡事都要讲一个道理。在有理的时候让步，说明我们涵养好，这时候不让步，也是没有问题的。如果对方是恶意的或者说的不对，对自己造成了伤害，我们就要进行针锋相对的回击，而不是一味地退让。

忍无可忍时，直接反驳回去

忍是美德，但一味忍让，便不是什么美德了，而是懦弱。对于心怀恶意的人，直接回击便好。忍无可忍时，则无须再忍。

我们作为普通人，在生活中会遇到各种各样的麻烦，会有人说我们的闲话。很少有人能够做到与世无争。马云是一个著名的企业家，遇到的类似问题自然更多。

在面对别人质疑的时候，如何说，怎么说，是有大学问的。

一般来讲，如果对方仅仅是因为没有明白我们的意思，从而提出疑问，那么直接解答就好了。但如果那人是故意针对我们的，不妨先忍，如果仅仅听了一点恶言便跳出来，难免给人一种太过计较的感觉。可是如果对方总是在找我们的麻烦，或者说了些我们所不能容忍的话，那么不妨直接反驳回去。

在做客《面对面》节目的时候，大家谈到网店征税的问题，有人向马云进行了提问，马云在回答这个提问的同时，也对一些经济学家进行了回应。

李成东：我打赌马云会赢，但是我有不同的看法，就是我们知道线下零售已经受影响了。税收来自于线下，淘宝网上交易是没有征税情况，但是在天猫有，马云怎么看？如果强征税了，淘宝的东西能不能更便宜？你是一个什么态度？这对淘宝本身有没有影响？

马云：这是一个好问题，这个问题曾被一个经常胡说八道的经济学家提出来过，不是你，跟你没关系。我知道有一个经济学家，带头提出了淘宝成功是因为中国税收贵。因为我们习惯觉得别人成功，一定是钻了某个空子。有这个原因，但这个原因非常非常的小。今天，淘宝94%的卖家不在征收税收的比例里面。这些人一年的营业额在24万人民币以下，这些成了淘宝主体市场。我们发现超过6%的人已经开始在交税，今天在淘宝上依靠淘宝成长发展创造就业的间接和直接的人有一千万，我们把6%的人所有的税加起来大概五六十亿。国家愿意收这五六十亿，也希望这一千万人创造更多的创业和就业机会。我四年以前就讲过，一个企业不交税是不道德的。今天这个时代，是红利刚刚开始的时代。

如果你不为这个做准备，你走不远，真能够靠不交税持续的经济是不可能的，所以中国开始征税，我100%相信，淘宝那些企业会继续创造更多的奇迹出来。因为他们并不是人们想象的那样靠一点点偷税漏税生存，他们靠创新在生存，他们靠希望在生存，我对他们很有希望。

如果对方是善意的，我们自然要用善意来回应，但如果对方是恶意的，直接反击就可以了。要知道，以德报怨是美德，以直报怨是常态。如果对方总是找我们的麻烦，还何必要忍呢？直接回应就好了。

当然，回应也是要有技巧的。一般来讲，带有恶意的言论，肯定是故意的，这时候回应他们更是要小心。如果随意乱说，那么他们很可能从我们的回应中发现漏洞，从而对我们进行更加猛烈的攻击。

总之一句话，态度上要强硬，但理论上要完备。就像马云那样，指出某些经济学家是胡说，随后便给出了他们胡说的理由。这样一来，听众自然能够判断出哪个对哪个错了。如果仅仅是情绪的发泄，反而会让人抓住把柄，让自己陷入困境。

忍是美德，但一味忍让，便不是什么美德了，而是懦弱。对于心怀恶意的人，直接回击便好。忍无可忍时，则无须再忍。

面对尖锐问题，别带情绪来回答

讲话有技巧，其中很重要的是心态。当有人尖锐地向我们提问的时候，我们不要因为那人是来找麻烦的便心生抵触。尤其在公众场合，一定要控制住情绪，这样才能为自己加分。

人生在世我们需要与各种人打交道，难免有挫折和失误，也少不了烦恼和苦闷。但不管怎样，在与人交谈时，应赶走这些不良情绪，千万别带情绪跟别人沟通。那样只会把事情弄得更糟。

在这方面，马云一直做得很好，面对再刁难的提问，他都会客观、冷静地作出回应。2012年，马云接受《时尚先生》的专访时，就遇到过类似的情况。

记者：你一直在歌颂小公司，但阿里是个大公司，你感觉会矛盾吗？

马云：我自己觉得，歌颂小公司，这是我的理想。今天阿里是个相对而言比较大的公司，这是我们的现实。我的理想是相信小公司。事实上，我们对自己的拆解比谁都快，我把淘宝拆成了四家公司。很快，又有几家公司要拆。现在我们已经拆出十家公司了。而且，我们也不算是集团式的管理，我们现在的管理更像一个组织也像是一个生态系统。这个生态里面养了各种各样的小鸟小兔小猫小狗。我们希望这个社会环境出现这种状况。大和小，怎么说呢，我们歌颂公园里各种动物，但是这个公园如果很小是不行的。阿里在建设的是一个生态系统。

今天早上我们的会议就对这个组织还在讨论。我说接下来我们可能有20家公司、30家公司，我们这些公司是30个产业群，没有谁跟谁report。有了这个群以后，边上会有无数个小公司长出来。因为有这棵树，会长出很多松果。有了很多松果就会来很多松鼠。形成了这样一个体系。

如果你把自己定义为纯粹获取利益的机构，you died。所以，我并不觉得是矛盾的。我一直这么讲，也一直这么坚信，假设我今天重新开始创业，我再也不肯干这么大的公司了。我今天早上醒过来之后，就在想：要不要再继续干下去？干下去，就会越来越大，这已经不是我们的能力所能控制的。假设今天重新再干过，我愿意怎么干？我愿意在淘宝上干一个小公司，雇十几个人，有滋有味，踏踏实实。我觉得这是我人生最大的快乐和理想。但是今天没有办法，现实已经是这个样子。我能把它切成一堆碎片？AT&T那时候美国还可以把它拆了，请问中国政府和世界哪个机构能把淘宝拆成碎片？显而易见是不能的，一是没法拆，二是拆了之后一千万家企业都没了。你怎么拆呢？这是个现实。

讲话有技巧，其中很重要的是心态。当有人尖锐地向我们提问的时候，我们不要因为那人是来找麻烦的便心生抵触情绪。尤其在公众场合，一定要控制住情绪，这样才能为自己加分。然后就是分析对方这个问题的用意，以及对我们能够产生哪些影响。之后再去制定相应的对策，给予很好的回答。

要牢记，用情绪回答提问，是最坏的做法，那样不仅丢了风度，更是丢了内涵。不妨摆出事实，增加说服力。如果我们摆出了事实，那么即使对方不认输，旁观者也会倾向于我们这边，这就足够了。

让对方讲清楚问题，然后给予回答

如果听了对方的问题后，直接说："我们的公司没有问题"，也许对方便不再追问了，但在听者的心中，这个问题依然存在。搞清具体状况后再回答，会更高一筹。

世事不总是如意的，我们总会遇到这样那样的问题，有些提问既直接有尖锐。有的是我们所不想提及的事情，有的是直指我们的缺点。怎么回答这样的问题非常考验一个人的智慧。

有的人会暴怒，觉得对方是不怀好意的，故意让我们难堪。可是用愤怒和不理性来对待这样的问题，除了让我们更加难堪之外，实在没有其他好处。有的则是回避问题，一遇到这样的问题之后，便顾左右而言他。这也不是好的回答方式。因为我们这次不回答，下次还会有人提类似的问题。要知道，问题是不会因为我们不回答而消失的。只有我们给出了具体的、让人满意的答案，别人才不会有疑问。

因此，当别人提出尖锐问题的时候，回答还是必要的，但一定是情绪上能够冷静、态度上够强势、理论上够说服力再作出回答。

马云在接受《时尚先生》的专访就是这样做的。

记者：有一种说法是，卫哲事件后，暴露出阿里好的管理者的缺乏，是这样吗？

马云：什么叫做好的管理者的缺乏？

记者：那时就还是老陆（陆兆禧）去顶上。老陆好像变成了一个四处救火的人。

马云：人的强项就是人的弱项，人的弱项也可以变成人的强项。你的弱项对别人来讲，可能是个强项。老陆是在公司里面经历了很多的人。我那天跟老陆打电话就在讲，老陆，干了不少了，阿里巴巴到支付宝，支付宝到淘宝，淘宝到阿里巴巴，该休息了，休息一年两年再说。做些务虚的事情。

老陆务实比较厉害，务虚得不够。我让他做些务虚的事情，虚的是最实的。虚的事情要实做，实的事情要虚做，这是对一个人的不同的训练。比方说老陆，淘宝高速增长，老陆刚好顺势而上。再到一个时代就开始务虚了，老陆就缺口气了，那就练练虚去。虚实都能的人，才可以。只是你们看到的时候，老陆刚好被放在实的位置上去了。

这个记者提的问题就很尖锐，在他的问话中，直接带出了管理缺乏的字眼，让人不舒服。面对这种问题，马云并没有表现出不快，也没有直接反驳回去说我们的公司没有任何管理上的问题。而是也给对方提了一个问题，那就是你觉得我们管理上有缺失，那缺失在哪个地方。等对方说出了具体的事情之后，再根据他的问话来回答，有理有据，不仅打击了传言，而且让对方无话可说。

这就是马云式的讲话了，以解决问题的方式来讲，而不是以发泄的方式来讲。

如果听了对方的问题后，直接说："我们的公司没有问题"，也许对方便不再追问了，但在听者的心中，这个问题依然存在。搞清具体状况后再回答，会更高一筹。

我们在生活中肯定也会遇到类似的问题，不妨学习马云，而是先让对方将问题讲清楚，然后给予冷静客观地回答，这样才对我们更加有利。

当然，更不要回避，事情发生了，总是要解决的。如果对方的提问确实是带有攻击性的，那么我们越是回避，他们的攻击性就越强。搞清他们的目的，然后给予回应就好了。要知道，面对尖锐的问题，逃避是最坏的选择。

CHAPTER 13
第十三章

语言生动起来就会产生吸引力

- 将道理融入到具体的场景中
- 让表达形象化，效果会加强一倍
- 巧用类比，用简单语言表述复杂问题
- 人们喜欢听故事，而不喜欢听道理
- 在谈话中插入些典故

将道理融入到具体的场景中

说服一个人是非常困难的，每个人都有自己的处世方式，也都有自己认识这个世界的一套规则和标准。光讲道理会给对方这个人要改变我或者这个人在展现他自己的深刻印象。这时候，听者便会生出一种抵触情绪来，觉得自己如果认同了对方，那么便说明自己不如他。正因为如此，说服听者才会变得很困难。

很多人在给别人讲道理的时候，都是教科书式的，用定义的方式在讲。说到奋斗，便强调奋斗的意义，说到努力，便大谈努力的必要，但马云一般不这么做。他常会用一个奋斗者的故事，告诉人们奋斗的必要性。通过故事中所展现的情境，获得人们的认同。这样的做法，就会让语言生动起来。不仅让听者不会感觉枯燥，还会让人听得津津有味。

在一次公司内部讲话中，马云给同事们讲了一个故事：

“上帝问你怎么死的，我说我被洪水淹死了。上帝说你淹死前在做什么？我说我就坐在一个小小的岛上，看着水慢慢地上来，就等着你来救我。上帝说我来救过你啊，有一块木头漂过来你没有跳上去；有艘船要救你上去，你说你在等上帝；又有一块泡沫漂过来，你只看了看它，你根本就不想上去。你死，因为你不想活了。”

这个故事强调的是自我努力的重要性。但他没有给人讲努力的意义，也没有讲奋斗的必要，而是借用了一个小故事，通过这个故事，给人们讲道理。这样一来，不仅引起了听者的注意力，更让道理生动、鲜活了起来。

说服一个人是非常困难的，每个人都有自己的处世方式，也都有自己认识这个世界的一套规则和标准。光讲道理会给对方这个人要改变我或者这个人在展现他自己的深刻的印象。这时候，听者便会生出一种抵触情绪来，觉得自己如果认同了对方，那么便说明自己不如他。正因为如此，说服听者才会变得很困难。

马云以一种讲故事的方式，告诉对方一个道理，不刻板、不教条。而这时候，听者是不会有抵触心理的。因为他们会觉得，自己对这个道理的认同，不是来自对方的命令，也不是来自对方的教导，而是自己从对方所讲述的一个小故事中体悟出来的。这是自己智慧的结晶，而不是自己在别人的指导下进步了。这样，听者会很愿意接受这个劝告。

这就是语言高手们的厉害处了，他们总能用鲜活的语言，让别人在不知不觉中认同自己。

马云语言的鲜活处，不仅在于喜欢用故事，还在于精妙的类比。下面一段，是马云在一次给员工讲话中提及的。

“等于跑进了一个很有意思的海鲜市场，全是吃海鲜的，脏是脏了点，但是人声鼎沸，有各种各样的小海鲜、大海鲜。什么是大买家呢？就是要搞一点品位，吃完以后还有两个蛋糕放在那儿，再弄杯咖啡品位一把。明知道吃海鲜有没有蛋糕无所谓，但是有一个蛋糕，有品位的人也走了进来。但是我们现在把蛋糕做成了很大、很大，海鲜越来越少。”

马云用海鲜和蛋糕来比喻大买家和小买家，一下就让枯燥的表述变得生动起来了，所谓的大小买家便不再是空泛的概念了，而是可以想象的。易于听者理解，自然便于说服。

人的记忆方式是有特性的，越是枯燥的越不容易被记忆，越是生动的，越能引起人们的兴趣。想要让自己变成一个会说话、懂得说话的人，就要让自己的语言生动起来。只有生动的语言，才能让听我们讲话的人变得有兴趣，而不是听了我们的话想要打瞌睡。别人觉得我们讲话有趣了，自然会延伸认为我们本身也是一个有趣的人，这样，自然就能得到别人的认可了。

让表达形象化，效果会加强一倍

想要让别人专心听自己讲话，就要讲得生动，要打动对方。而打动对方的最好方式是营造一个情景，让对方的思维在这个情景中发展。只有这样，才能保证他们的注意力一直在我们这里。

有的人讲话枯燥无味，让人昏昏欲睡；有的人讲话却形象生动，很容易打动对方的心。怎样让自己讲话生动呢？大家不妨试试在讲话时多用比喻和讲故事的方式。

直陈道理是一种逻辑式的思辨，虽然严谨但枯燥。这样的话或许让人挑不出毛病来，但却很难让人印象深刻。而多用比喻就不一样了，用比喻来说明一个问题，是用语言给听者营造了一个情景，这情景很多是听者曾经经历过的或者听别人讲述过的，因此会有一个比较直观的认识。虽然比喻没有直接陈述逻辑那么严谨，但它更形象生动，更吸引人。

马云讲话很随性，也很生动，就在于他会运用大量的事例和比喻，能够让别人很快理解他的意思。

下面是马云在《马云与80后面对面》栏目中跟观众的一次对话。

观众：马云先生你好，我外经贸毕业了，和朋友创业，有个问题一直困扰着我，男人身上的品质永不放弃非常重要，但有时候要学会放弃，怎样在永不放弃和学会放弃之间找到平衡？你如何在创业之中找到平衡点？如果说一年要赚到五十万，如果没赚到五十万的话是不是大家都各自回家了？如果使命和价值观没有给你带来回报你会持续吗？

马云：这个问题蛮好，永不放弃和学会放弃的区别。要想成功一定要永不放弃克服各种困难，但是你学会放弃的时候你才开始进步。假如这是一堵墙你要绕过去，你永不放弃地撞还是撞不过去，学会放弃退一步看一看边上有没有绕过去的路。

什么是战略？从地图上看杭州到北京很近，可开车或走路都会感到十分遥远，我告诉大家理想和现实是很远的。但是，我们学会什么东西该放弃什么东西不放弃，我永不放弃的是我的使命和价值观。我不会说为了赚钱放弃这些东西，全中国99%的企业在赚钱，但是他们可能未必抓住使命，我以使命和价值观去赚钱的时候，我可能不会比别人赚钱多，但我踏实。

这个世界上一定有人比你挣更多的钱，你刚才问的问题是不是赚不到钱了我们会放弃？我认为绝大部分的企业这么看，如果我们没赚到钱对社会肯定没多大贡献，但是赚了钱未必对社会有贡献，真的对社会有贡献的企业最后一定是赚钱的，是肯定的。要使命感、价值观整个体系建立起来，永远可持续发展，离开这个你走不远的。所以练外形没有内功一点用没有，光练内功没有外形也没有用，得合在一起才是高手。

放弃和坚持，都是比较空泛的概念，但是马云用一堵墙来比喻，就让听众理解了。这就是他讲话的魅力了。

想要让别人专心听自己讲话，就要讲得生动，要打动对方。而打动对方的最好方式是营造一个情景，让对方的思维在这个情景中发展。只有这样，才能保证他们的注意力一直在我们这里。

很多人也都明白这个道理，却不知道怎么才能够做到。如果多了解些马云的说话方式，就能明白一二了。

马云是一个讲故事的高手，在演讲中经常用故事阐述他的观点。能够将故事讲好，在于两点。一是足够的知识储备，只有知道得多，才能讲出来的多。二是会运用生动的语气。我们都有这样的经历，本来是一个非常有趣的故事，可是有些人讲出来，便索然无味。其主要原因便是语气平淡。用朗诵的语气来讲笑话，效果自然是要打折扣的。

巧用类比，用简单语言表述复杂问题

马云总是说自己的创业过程是一个不懂互联网技术的人在搞互联网。其实，马云这个不懂互联网的人也在向他的客户，即另外一群不懂互联网的人介绍互联网，而且马云介绍得很成功，这要归功于他能够用简单语言表达复杂问题的能力。

不管是跟人聊天，还是给人做演讲，都需要一定的语言表达能力。如果表达不好，那么很可能变成虽然我们说了一大堆，可是听者还是如坠云里雾里，反而我们越说他们越糊涂。

避免这种情况发生，就要尝试着用简单语言来表述复杂问题。而做到这点，需要会比喻和类比，当然，还需要规避一些专业术语。

马云在这方面做得就很好。马云总是说自己的创业过程是一个不懂互联网技术的人在搞互联网。其实，马云这个不懂互联网的人也在向他的客户，即另外一群不懂互联网的人介绍互联网，而且马云介绍得很成功，这要归功于他能够用简单语言表达复杂问题的能力。

2013年IT领袖峰会上，马云应邀作了讲话，他说：

大企业要有小作为，小企业要有大梦想。我们每个人都要去想想自己有了一些想法后，怎么把它变成现实。大企业的小作为往往是一个瞬间的小动作影响了企业未来发展的决定，影响了整个企业甚至社会变革。我想今天的IT界、互联网界存在一个巨大的问题，那就是动不动就爬到屋顶上讲大产业、大行业发展。

IT发展到今天，不缺技术与思想，缺的是把这些东西变成现实。我们今天很多人用着IT的技术、思想，但是管理水平和思想仍旧停留在上世纪。所以才出现如今IT做电子商务还在杀价，还是拼价格而不是拼价值。假如思想还停留在20世纪甚至五年、十年前，企业是不可能再活下去的。

这四五年，我参加了无数个IT、互联网论坛，很遗憾，我听见最少的是如何从组织、文化、人才上管理好一个IT企业、一个互联网企业。决定一个生态系统的不是老虎、狮子和大象，而是微生物，决定一个公司的最好素质是你的基础员工招聘。从点滴做起、从自己做起、从你招聘的人做起，你才能从梦想回到现实。很多企业倒下去不是缺乏创新，不是没有人才，而是完全缺少管理思想。

另外，什么是企业文化？墙报、写文章不是企业文化，企业文化就是把企业写得有味道一点，不要把企业变成赚钱机器。我们需要把企业变成有情感的人，有情感就有朋友，有朋友的人生意自然好，有朋友也要讲原则。原则是什么？管理。什么是老板？老板的“老”就是老师，“板”就是规矩。没有这两样东西，企业是走不远的。

真正把管理做好，把文化做好，管理、文化背后必须有强大的思想，没有真正很好的思想，没有办法把企业做大。西方的管理水平相当了不起，日本精致的文化管理也相当了不起，但是中国企业绝大部分是今天从西方学一点，明天从日本学一点，后天学一点传说的故事，整个管理商业体系是没有基准、相当混乱的。

我觉得中国真正有理想领导力的是道家文化，儒家思想是我们加强管理最好的东西，佛家思想是让你学会做人，因为领导力很强、管理能力很强的人身上一定有毒，需要佛家思想把毒去掉。竞争过程中学习太极的博弈思想是相当了不起的。

在上面一段讲话中，涉及了好几个方面的专业概念，但是马云都解释得很清楚。这就是用简单语言来表述复杂问题。话不多，但清晰，而且听起来很有趣。我们要锻炼的就是这种能力。

在表述一个复杂的概念的时候，思路一定要清晰，要知道重点在哪里，然后一点点条分缕析地靠近重点，有层次地展开介绍，再复杂的问题也会迎刃而解。

人们喜欢听故事，而不喜欢听道理

这些故事所以能够引起人们如此强烈的共鸣，就在于马云在故事的选取和讲述方面下了工夫。首先，他选择的这些故事都特别恰当；其次，他在讲述故事的时候，没有平铺直叙，而是制造了强烈的对比效果。

有调查表明，人们往往更喜欢听故事，而不喜欢听道理。由此，我们便可以得出一点，想要让自己的话吸引人，那么就应该讲一些生动贴切的故事。

在讲话中，要随时随地运用到讲故事，这就需要我们有大量的知识储备。如果没有那么多时间去阅读、筛选别人的故事，也可以给人讲曾经发生在自己身上的故事，讲我们的经历或者我们朋友的某些经历。讲这些还有一个好处，那就是情感强烈，因为这是发生在我们或我们朋友身上的，对当事人的感受，我们有很深的了解。因此，讲这类故事也将会更能打动人。

选材的问题解决掉之后，就是讲述方式了，一定要将这些故事讲得很生动，这就需要一些技巧了。

马云经常给大家讲述他和他的员工们发生的故事，讲得也很生动，而他取得的效果也是有目共睹的。

昨天晚上我还跟一个人讲过这个故事：当年我的大学里有五个副院长，分房子时，那些副院长都在抢房子，就是这个最年轻的副院长，他一点都不抢。我说你为什么不去抢房子，房子那么好，都一百平方米了。他说我今年四十三岁，这帮人都五十几岁了，他们认为这是最后一班车，而我认为我刚刚开始。后来他当到了厅长，当到了副省长。

这就是眼光！我以前讲过的，我们家的房子在村里是最高的，可你跑到上海，一看房子这么高，快要晕过去了，因为我没有出去看过。同样的道理，现在你没有见过大企业，没有见过真正的创业者、真正的领导者，就觉得你们家王二毛最厉害了，这个就是眼光不对，眼光不对永远做不大。

眼光长远的人胸怀才会大。在座的每个人，手下的人超过你，你才能起来。比如我们的Tim是法律专家，有一天他的手下一定要超过他。公司里各种各样的人才、各种各样的性格和脾气都有，这才是一个优秀的公司。

如果公司里面所有人都一样的话就麻烦了。动物园里面的动物都是不一样的，才有人看，如果都是一样的，全是牛全是马，那是养殖场。我们不需要养殖场。你的胸怀各种各样的人都要能够包容，最后你的技能一定不如你的手下，你的技能比手下强的时候你一定不是好的领导者。

工程师靠技术吃天下，比尔·盖茨技术比下面工程师水平高？不可能。泰森拳头硬还是教练拳头硬，估计泰森一拳教练就飘出去了，乔丹的教练球都不会打，这个就是胸怀。管理学方面讲，你要有一种差异化的竞争，你要拥有其他人没有的。

还有一个，技能很强的人或有能力的人一般都很古怪。这个古怪的人不能把心胸打开的时候，永远不能成为真正伟大的领导者。我们这些人，如果走M系列（阿里巴巴员工发展序列，一条是P专业序列，一条是M管理序列）的人，甚至说到最后变成专业管理者的人，都要有胸怀。

打架的男人最可怕的是，打了他十拳，他没有反应。这样，一个领导的抗击打能力、抗失败能力一下又起来了，大家都愿意跟着这个领导，一下子打了不要紧，抗击打、抗失败，勇于承担责任。

我永远希望阿里巴巴领导者有眼光、胸怀、实力。有眼光、没胸怀的人就是周瑜，他不是被诸葛亮气死的，是被自己气死的。

你说你恨死下面的人，下面的人都是饭桶，我今天告诉大家，阿里巴巴给你的就是饭桶，你的职责是把他们变得不是饭桶。三年以后他们还是饭桶的话，你就是饭桶！因为你没有把他们变成优秀的人。

马云讲他大学里院长的故事，其实讲的就是等待的重要性；说到泰森、乔丹等人的时候，其实讲的就是怎么用专长不如自己的人来提升自己。这些都是极为简单的道理，但经过故事的渲染就会引起大家很强烈的共鸣。

这些故事所以能够引起人们如此强烈的共鸣，就在于马云在故事的选取和讲述方面下了工夫。首先，他选择的这些故事都特别恰当；其次，他在讲述故事的时候，没有平铺直叙，而是制造了强烈的对比效果。像说到泰森的教练自己并没有很高的实战拳术时，用了一个略显幽默而又夸张的说法：“泰森拳头硬还是教练拳头硬，估计泰森一拳教练就飘出去了”，这种夸张式的对比会引起听众更强烈的共鸣。如果直说泰森的教练不会拳术，那么就仅仅是在陈述一个事实，可是引入了这种对比之后，就会在人们的脑海中形成一个反差，一个拳术很差的人，竟然教出了一个拳术极好的人。而接下来乔丹的例子就不需要再过度渲染了，因为泰森的例子已经营造了气氛，乔丹的例子只需要提供一种证明就可以了。这时候，直接说也没什么不妥，如果依然是制造夸张效果，反而觉得累赘。

我们可以看到，马云说话看似平常，但其实是有很高深的技巧的。学到这些技巧，自然对我们的口才有很大帮助。

在谈话中插入些典故

我们在讲话的时候，就要学习马云的这种做法，用众人熟知的典故将众人带到那个场景中去，这样就会少了我们很多的麻烦。

很多时候，讲一个道理是很吃力的，需要解释很多的名词，需要介绍相关的背景环境，等这些介绍完了，听众可能已经失去继续听下去的耐心了。而且，讲述人在介绍这些的时候，也会觉得索然无味，从而失去了说下去的激情。这样，就会让整个谈话变得没有生气，这谈话也便没有什么大用处了。

相信大家都有过类似的经历，就是我们觉得很有趣的一件事情，可是经我们的口中讲出来之后，便索然无味了。这种情况，多半是要交代的东西太多，而我们没有交代清楚，或者我们选择了简短介绍的方式，但我们的简短介绍并没有抓住本质。这些，都是表达不畅造成的沟通不畅。

如果想要跟朋友、同事或客户很好的聊天，就要有强大的表达能力。不仅要将有意思的事情讲出应有的效果来，还要学会将没意思的事情讲得有意思。当然，最重要的是，跟别人解释一件事的背景的时候，用最简短而对方又能听懂的方式，要保证说出的每一句话都是有用的。这时候，借用一些众人熟知的典故是一个很好的办法。

很多人也熟知在谈话中插入些典故的重要性，却始终不得其法，结果反而弄得更糟。在这一点上马云做得也很好，他在宁波会员见面大会上曾讲述一段话，很好地体现了他擅长用典故的能力：

在互联网最艰难的时候，阿里巴巴回到中国，把总部从上海撤回了杭州，实实在在地做事。至今为止，阿里巴巴第一次裁员，在2000年，把一些美国的工程师裁掉了，如果晚半年，公司可能也就没了。不是我们聪明，而是没有办法。我们在中国实施“回到中国”策略的时候，我们对外没有说，只是说阿里巴巴一直在开拓海外市场，有一些竞争对手就去打海外市场了，结果去了就关门了，没能回来。

是什么让阿里巴巴活了下来？是什么让阿里巴巴走到了现在？我们把回来做的事比作第一是“延安整风运动”，第二是“建立抗日军政大学”，第三是“南泥湾开荒”。

这是马云在给别人介绍自己公司时的一段话。向别人介绍自己的一个理念或一段经历，其实挺难的，因为涉及很多相关背景的介绍。但马云的做法却非常简单，引用了几个名词。

党的成长史，大家都是知道的，中学历史课本里有很详细的介绍。马云将自己公司的几个阶段用党的成长史作类比，一下就解决了很多问题。因为人们都熟知那段历史，所以当把公司的经历类比了之后，那么对方也就知道他公司大概发生些什么了，自然不用再做过多的解释了。这么做的好处，便是节省了时间，可以让谈话更加紧凑，清楚明了。

我们在讲话的时候，就要学习马云的这种做法，用众人熟知的典故将众人带到那个场景中去，这样就会少了我们很多的麻烦。

在讲话中，我们使用典范也要有一个清醒的认识，我们所说的每一句话、每一个典故都是有目的的，都是为我们所想要的结果服务的，都是切实需要的。不要讲一些无关紧要的典故，否则话不停挂在嘴边。要做到这样，我们或许说了很多，但对方可能根本没明白我们的意思。

CHAPTER 14
第十四章

不造作，不迎合，“大忽悠”变威严

说话有风度，影响有力度 <

不抱怨，让你的话语充满正能量 <

让自己的语气坚定起来 <

该直话直说时，要大声说出来 <

不要不懂装懂 <

说话有风度，影响有力度

我们面对对手的时候，最好把情绪放一边，说话有风度，这样不仅能够缓解彼此对抗的情绪，还能给旁观者一个好的印象。最坏的做法便是鄙视甚至诅咒自己的对方，那样反而将自己的格调弄没了。没人会喜欢一个没有格调的人。

真正能看透一个人内心的，不是他如何对待自己的朋友，而是他如何对待自己的敌人。一个对待自己朋友好的人，未必就真是好人。只有尊重对手、理解对手的人，才是真正有影响的人。其实说话也一样，看待一个人不要看他对朋友做了哪些承诺，而是要看他说话是否有风度、是否有足够的影响力。

不管做什么事情，随意些就好，在做事上，在说话上，不要太过纠结，也不要有太多的情绪。随意一些，洒脱一些，会赢得更多人的尊重。

马云在第二次做客《对话》栏目时的亮相，就很好地诠释了这一点。

主持人：欢迎马云，欢迎。我记得上一次你在《对话》现场说过自己挺喜欢金庸小说，喜欢风清扬，如果一个人一旦成为武林高手，围绕在他周边的人就会很多，这些人你可以分成两类，一类是朋友，一类是敌人。你努力打造这样的基础，未必每个人领情。刘强东抱怨支付宝太贵了，每年要支付支付宝的费率，要多支付500万到600万，京东对支付宝还没到离开不行的地步，因为目前在线支付，在京东商城的用户，支付所占的比例并不高，只有10%，即使停掉，影响也不大。他还真不是说说而已，还真的给停了。就在去年的5月份，他就停掉了支付宝，我觉得你可能希望它是生态链当中一员，但是从这样的举动当中我们外人判断他好像把你当成对手。

马云：天下把我当对手的人多了去了，他觉得贵了，他觉得不合适，他离开可以自己建，挺好，只要他觉得比我建得更好，他觉得效率更高，当然得支持他。至于到底是不是这么贵，他心里应该更清楚。你应该问他到底是贵在哪里，对吧，这个对手啊，我是这么觉得。其实一个公司最有乐趣的时候是你的客户成长，第二是你的对手也变聪明了，也在成长。最怕蛮打的，一个拳师碰上一个蛮师，你也就不知道该怎么办了，对吧，一个拳师碰到另外一个顶尖高手的时候，大家才能互相成长，所以其实在对战过程中，我觉得你要欣赏地看对手。我觉得以前吧，我刚创业的时候跟大家也一样，觉得对手干的都是坏事，他干的一定是针对我来的。我今天跟以前有了差异，不是因为我们的企业做到了这个规模，而是四五年以前我们想明白一个道理，要以欣赏的眼光看对手。你看这个东西不错，得学习，要是生气，就输了，就是你跟对手竞争的过程，最主要就是让对手心情变糟糕。

从这段对话中，可以看出马云是一个极淡然的人，这份淡然传达出的是一种从容、自信的处世态度。这也是马云有强大影响力的原因。

我们面对对手的时候，最好把情绪放一边，说话有风度，这样不仅能够缓解彼此对抗的情绪，还能给旁观者一个好的印象。最坏的做法便是鄙视甚至诅咒自己的对手，那样反而将自己的格调弄没了。没人会喜欢一个没有格调的人。

在面对荣誉的时候也是如此，不要急急忙忙向周围人展示自己的成果，显出一副欣喜若狂的样子。

说话有风度，不要太过情绪化，自然就会有影响力。不管面对什么事情，都泰然处之，自然能够得到更多人的认可。

不抱怨，让你的话语充满正能量

马云是一个充满了激情的人，也是一个不在乎挫折的人。听马云讲话，获得的不仅有经历和智慧，还有积极的生活态度和正能量。

人总会遇到这样那样的麻烦，有的是事业上的挫折，有的是生活上的不顺，有的是自己构想出来的根本不存在的烦恼。面对这些的时候，我们的心情可能会受到影响。有的人就会将之表达出来，四处跟人言说，寻找安慰。有的人则是放在心底，谁也不告诉，一点点自己舔舐着伤口，让它慢慢愈合。而有的则非常豁达，将之当成是自己必须要经历的磨难，笑着去面对。

第一种人，像祥林嫂一样喋喋不休，自以为是在向别人表达不顺，期望的是同情，但收获的则是一个唠叨的名声和一大堆怪异的眼神。第二种人则是沉默式的，不表达，总是沉闷地一个人待着，即使身处人群中，也没有半句言语，丝毫没有存在感。人们会觉得这样的人太过压抑，从而不愿与之接近。只有第三种，才是可取的，他们会传达一种积极向上的人生观，会给别人带来快乐和正能量。这样的人，自然能够获得更多人的认可。

马云就是第三种人。他是一个充满了激情的人，也是一个不在乎挫折的人。听马云讲话，获得的不仅有经历和智慧，还有积极的生活态度和正能量。这些，才是马云真正能够有那么大影响力的原因。马云在一次讲话中说：

创业的时候，我的同事可能流过泪，我的朋友可能流过泪，但我没有，因为流泪没有用。

困难的时候，你要学会用左手温暖你的右手。你在开心的时候，把开心带给别人；在你不开心的时候，别人才会把开心带给你。开心快乐是一种投资，你开心就要和别人分享，然后有一天别人会回报于你。

如果你在创业第一天就说，我是来享受痛苦的，那么你就会变得很开心。我1992年做销售的时候，我说创业中乐观主义很重要，销售10次，10次为零，出去以后，果然是零，说得真对，要奖励一下自己。

商业不外乎智慧、希望及勇气，这些都是经商的必要技巧。遇到问题时，我习惯用左手温暖右手。要不断告诉自己，没关系，我还是我，我还在学习成长，一切都会好的，至少我还活着。

上面这段话，便是马云能带给人正能量的最好注解。他的讲话能让身处逆境的人打起精神来，能让身处顺境的人更加相信自己。

我们在生活中，不要总是抱怨，而是让自己的讲话多带一些正能量的东西，多传递一些乐观向上的思想。这样别人会觉得我们给了他们力量，从而更加愿意接近我们。同时，我们也能够变得更加快乐。

不要总是去抱怨，更不要对着别人抱怨命运对自己的不公。这世上，除了我们最亲、最近的人之外，少有人会对我们曾经遭遇过什么感兴趣。他们听我们讲，是想要得到，如果我们传递出的是一种失落感，他们就会厌烦，如果我们传递出的是正能量，他们则会愿意与我们交往。

让人开心总是比让人烦更好。因此，在自己的言说中加一些正能量，让它给人带来更多的温暖，才是我们应该追求的方向。

而想要做到这些，首先靠的就是自我调节。先让自己成为一个快乐的人，才能够向别人传递快乐。先让自己的生命充满正能量，才能给人以正能量。就像马云，他之所以能够随时随地说出振奋人心的话来，在于他是一个积极向上、浑身充满正能量的人。

当遇到挫折的时候，直接面对它就好了，没必要觉得害怕。如果我们被挫折吓倒，不仅无法依靠自己寻找解脱之路，反而会因为太过消沉，别人不愿意与我们交往，从而失去从外界获得力量的机会。

让自己成为一个积极的人，同时给别人传达积极的生活态度，才能让我们成为受大家欢迎的对象，抱怨只会让自己变得更糟。

让自己的语气坚定起来

如果想要让别人认同自己所讲的道理，那么就要用坚定的语气，给人一种不容置疑的感觉，只有这样，我们所说的话才有力量。

说话的内容重要，语气更重要。如果仔细观察，就会发现，一般声音比较大的人，更容易给人一种强势的感觉，而唯唯诺诺、声音极小的人，则多给人懦弱的感觉；很多人觉得跟别人说话应该用商量的语气，这是不错的，这样会显得更有礼貌，但如果总是用这一种语气，也不太好，那样别人会以为这个人好说话，从而不太愿意听他的指挥。而在给人讲道理的时候尤其如此，说得柔和一些，不确定些，比如加上些“应该是这样”等，一般给人的冲击力不够。

如果想要让别人认同自己所讲的道理，那么就要用坚定的语气，给人一种不容置疑的感觉，只有这样，我们所说的话才有力量。

当然，这种语气说话也要看场合的。如果是用来激励别人，自然要这样，如果仅仅是普通的朋友聊天，那就大可不必了。跟客户谈合作的时候可以这样，表现出我们对自己产品的自信，跟朋友争论的时候就不必这样，语气自然讨论就好。

分清场合之后，就是具体的操作方法了。我们来看看马云在演讲中是如何用坚定的语气让大家认同他的看法的。

创业者没有退路，最大的失败就是放弃。今天很残酷，明天更残酷，后天很美好，但绝大部分人死在明天晚上，所以每个人都不要放弃今天。

很多人比我们聪明，很多人比我们努力，为什么我们成功了？难道是我们拥有了财富，而别人没有？当然不是。一个重要的原因是我们坚持下来了。

我想告诉大家，创业、做企业，其实很简单，就是：我想做什么事情？我想改变什么事情？你想清楚之后，坚持下去。

为什么我的座右铭是“永不放弃”？因为这世界上最大的失败就是放弃，放弃其实是最容易的。所以我想讲的是，活着就是胜利。这个世界上最痛苦的是坚持，而最快乐的也是坚持。

我一直认为，人一辈子都在创业。以前深圳有一个口号叫作“二次创业”，我不太同意这个。同一批领导是没有办法二次创业的，因为从第一天创业起你就一直在创业。

互联网进入冬天的时候，我们第一没有品牌，第二可以用的资金非常少，整个市场形势不是非常好，大家听到互联网转身就跑。当时很多人进来，也有很多人出去。我记得有一位年轻人，刚刚进入公司我跟他说希望最艰难的时候坚持下来不放弃。

这个年轻人说：“我记住了，5年之内我绝对不会走。”这5年来他们一起来的人都走掉了，当他快坚持不住的时候我就跟他说我记得他当时讲的话。现在他坚持下来，无论他的做事风格还是他的财富都已经非常成功了。

在长城上我们说要建立一个中国人创办的、全世界最好的公司，在最困难的时候，我们永远要回忆这个东西。我不知道该怎样定义成功，但我知道怎样定义失败，那就是放弃。如果你放弃了，你失败了；如果你有梦想，你不放弃，你永远有希望和机会。

短短的一段话，给人一种坚定有力的感觉。这就是用坚定的语气说话的好处，让人觉得说话者是不可置疑的，它表达的不仅是一种观点，更是一种自信。这样的人，才能得到更多人的认可，这也是领导气质的关键所在。

想要培养自己的自信，不妨先试试让自己的语气坚定起来。

该直话直说时，要大声说出来

面对一个人的错误决定，真正对他好的做法是将之点醒，就是要直接告诉他这么做是错误的，是不会有太美好的结果的。如果因为怕伤害他而说得遮遮掩掩，那么我们的话就没有了说服力，也不会引起对方的注意。这样或许看起来我们更近人情，但丝毫没有帮助到别人。

人生一世，总是要遇到这样那样的问题，有些是我们能解决的，很多则是我们不能解决的。当遇到那些不能解决的事情，往往就要向朋友、亲人们讨教了。反过来，别人也一样，同样会向我们讨教。这时候，如何回答，便有学问在里面了。

一般来说，很多人都会选择委婉的回答方式。所谓委婉式的回答就是虽然否定对方现在的一些做法，告诉他们正是自己的一些错误才导致了如今的烦恼，但并不直接指出，而是很温和地提出，有的是用轻柔的口气，有的则是在否定之前先肯定一些细小方面。大家觉得这样的做法，不伤和气，给了对方面子，批评显得不那么刺耳。

这种想法是不错的，可是，对解决问题，则多无帮助。如果真心为对方好，不妨有话直说，不必转弯抹角。

马云曾经参加过《赢在中国》，担任评委，下面是他和一位选手的一段对话：

马云：你产品的市场是针对国外还是针对北美？

李红梅：现阶段是北美市场，美国市场是成熟的市场，其他市场不太成熟。

马云：你有两个核心竞争力，第一个是整合资源，国外没有资源，国内也要摸索，如何整合？第二个核心竞争力是外包，美国公司就做不到外包？

李红梅：第一核心竞争力就是把数据转化和数据输入这一部分的业务，跟软件销售业务整合起来。

马云：你觉得这个竞争力很高？

李红梅：因为美国的公司很少这样去整合。

马云：你现在有多少员工了？

李红梅：在北美我只有一些高端的设计人员，大概有4个。

马云：我觉得你的项目很难，相当难。我诚恳地建议，你最好别创业。我见过创业很艰辛的人，但他说我就愿意创业。我感觉是这样，从性格各方面来讲，你不是很适合创业，我经常对朋友讲，有时候做一份工作，做一份喜欢的工作就是很好的创业。

你这个人很热情、很善良，这些性格可以让你成为一个非常好的员工，非常好的义工，为此完善自我，这可能很好，但是对于创业，我很坦诚地说，你真的不合适。

有的人看完这段对话，可能会觉得马云说话太直接了，这样会伤害到别人，从而认为马云有些冷血，却不知这正是马云负责的地方。

面对一个人的错误决定，真正对他好的做法是将之点醒，就是要直接告诉他这么做是错误的，是不会有太美好的结果的。如果因为怕伤害他而说得遮遮掩掩，那么我们的话就没有了说服力，也不会引起对方的注意。这样或许看起来我们更近人情，但丝毫没有帮助到别人。

因此，如果发现自己要帮助的人的错误时，就要直接说出来，不要怕口气强硬一些，不要怕伤了对方的面子，也不要怕别人说自己绝情。如果怕这怕那，批评别人又想当个好好先生，到最后反而是伤害了别人。

如果有人因为这点而觉得我们太过绝情，从而不跟我们往来了，那么也不妨就放弃这样一个朋友。一个在意面子大过在意友情的人，是不值得交往的。

说话留余地是不错的，但也要分语境，说话委婉一些也是不错的，也一样要分语境。当遇到必须直话直说的时候，就要大声说出来。这样是对自己负责，也是对别人负责。

不要不懂装懂

时时宣扬自己已经掌握了真理的人，往往并不能说服别人，而那些讲实话的人，往往更容易获得别人的认同。

很多人都怕别人看轻自己，因而不管人家说什么，都要插上一嘴，以显示自己博闻多识。与人交谈时，不停地给别人介绍这介绍那，努力将自己塑造成一个万事皆知的形象。而且说话语气很坚决，给人一种不容置疑的架势。

人们所以会这么做，就是怕被人说成无知，怕别人不重视自己。却不知道，这种夸夸其谈的方式，反而更容易失去别人的尊重。一个人想要赢得别人的重视，靠的不是吹嘘，而是平实。有什么就说什么，比什么都说更容易赢得别人的认可。承认自己的不足，会让人觉得这个人更加真实，更加可信。

在这方面，马云就做得很好。他在一次给大学生的讲话中曾说：

今天我讲的很多东西不一定是对的，你们就把这当成是一个师兄在讲一些他的经验。很多人问为什么你讲课我们愿意听，而其他人讲我们就不愿意听？因为很多东西我讲的不一定是对的，所以大家愿意听。很多演讲者在台上讲的话全是对的，讲了一大堆，上面没有一个字是错的，没有一个句子的思想是错的，但是连他自己也不一定相信。像我们这样的人，讲的不一定是对的，但我们是坚信不疑的。

时时宣扬自己已经掌握了真理的人，往往并不能说服别人，而那些讲实话的人，往往更容易获得别人的认同。道理就在这里，人不是全能的，没有哪个人能够将世上所有的道理都讲通、讲透，坦然说出自己不懂的地方，反而更显真实，也更显亲切，自然能够获得别人的好感。

阿里巴巴曾经经历过一次内部高管离职的“欺诈门”事件。这对任何一个公司来说，都算得上是一件“丑闻”，可是当记者问到马云的时候，他没有遮掩，也没有去谴责，而是如实地回答了问题，为自己赢得了掌声。

这个是不是最好的解决方案我不知道，但这是最正确的方案，我没有办法追求完美，天下没有最完美的解决方案。真有99名员工涉及这个事情的话，解决的方案只有一条，一定有人为此付出代价，而承担99个员工的话，最大的代价一定是CEO。

没有任何遮掩，反而表示了遗憾和思考，这便是马云，不管在什么时候，总是让人敬佩。

跟人交谈的时候，有什么说什么是第一位的。讲话技巧是表达方式上的，在内容上，没有任何技巧，也不应该使用技巧，任何应用在内容上的技巧都是妨碍我们表达的。只需要诚实地说出真相就好，至于用什么方式说出真相，才是需要技巧的。

不要不懂装懂，也不要刻意去塑造一个形象。用最合适的方式说出自己的想法，才是最好的。真诚的语言从来都是最有力量的，那力量不在于华丽的用词，而在于那份真挚的情感。

有什么就说什么，不要将自己打扮成万能的神，神站得高，但有一天摔下来必然也摔得最惨。有一说一才是最好的说话方式。

当然，说实话的时候也是要有些技巧的。自己说出的话既没有妄自尊大，也没有妄自菲薄，既不伤害自己也不伤害别人。

像马云一样，有一说一，但用最恰当的方式说出来，才是真的懂得表达的人。